As Medidas de Coacção
no Processo Penal Português

As Medidas de Coacção no Processo Penal Português

Fernando Gonçalves
Mestre em Direito Criminal pela Faculdade de Direito da Universidade de Coimbra
Titular do Curso Avançado de Estudos Superiores em Direito Penal pela Universidade de Salamanca
Advogado/ex-Docente do Ensino Superior

Manuel João Alves
Licenciado em Direito pela Faculdade de Direito da Universidade Clássica de Lisboa
Ex-Director de Departamento de Ilícitos Criminais do IGSS

2011

AS MEDIDAS DE COACÇÃO NO PROCESSO PENAL PORTUGUÊS

AUTORES
Fernando Gonçalves
Manuel João Alves

EDITOR
EDIÇÕES ALMEDINA, S.A.
Rua Fernandes Tomás nºs 76, 78, 80
3000-167 Coimbra
Tel.: 239 851 904 · Fax: 239 851 901
www.almedina.net · editora@almedina.net

DESIGN DE CAPA
FBA.

PRÉ-IMPRESSÃO, IMPRESSÃO E ACABAMENTO
G.C. - GRÁFICA DE COIMBRA, LDA.
Palheira Assafarge, 3001-453 Coimbra
producao@graficadecoimbra.pt
Novembro, 2011

DEPÓSITO LEGAL
336478/11

Apesar do cuidado e rigor colocados na elaboração da presente obra, devem os diplomas legais dela constantes ser sempre objecto de confirmação com as publicações oficiais.

Toda a reprodução desta obra, por fotocópia ou outro qualquer processo, sem prévia autorização escrita do Editor, é ilícita e passível de procedimento judicial contra o infractor.

 GRUPOALMEDINA

BIBLIOTECA NACIONAL DE PORTUGAL – CATALOGAÇÃO NA PUBLICAÇÃO

GONÇALVES, Fernando, 1962- , e outro

As medidas de coação no processo penal
português / Fernando Gonçalves, Manuel
João Alves. – (Monografias).
ISBN 978-972-40-4712-6

CDU 343

NOTA PRÉVIA

A obra que agora levamos ao prelo constitui uma síntese do que escrevemos em obras anteriores. Dada a dispersão das questões agora compiladas em torno das Medidas de Coação pareceu-nos ser esta a maneira mais interessante de apresentar este tema e os que lhe são próximos, agora actualizados à luz da imensa legislação, porventura pouco assertiva, que foi sendo publicada.

Cumpre-nos o grato papel de agradecer, nesta nota prévia, à nossa querida amiga Vera Duarte pela sua enorme gentileza em ter acedido a ler a nossa obra enquanto desempenhava o cargo de Ministra do Governo de Cabo Verde, onde hoje é Juíza do Supremo Tribunal e nos ter dado o prefácio que tanto engrandece a nossa obra.

Esta obra foi escrita e está compilada tendo como primeiros destinatários todos aqueles a quem o tema interessa que, no final de contas, somos todos nós, sem embargo, naturalmente, de se nos afigurar útil para os profissionais do foro, sejam eles juízes, advogados ou juristas em geral.

Temos vindo ao longo dos últimos anos a participar em variados fóruns cívicos onde se tem debatido a violência doméstica, matéria que aqui apenas afloramos, onde, por regra, o debate se centra na construção sistemática de «casas abrigo» e não, como devia, em torno da aplicação da proibição e imposição de condutas, prevista no art. 200 do Código de Processo Penal, como única forma de as vitimas deixarem de ser «ainda mais vitimas». Por regra as vitimas transformam-se em "subsidio-dependentes", exiladas das suas terras, abandonando, normalmente o emprego e quebrando, juntamente com os filhos, laços familiares e afetivos, enquanto os agressores permanecem comodamente no lar.

Por um lado fica a sensação "no ar" de que a Lei, neste particular, é tímida quando exige a verificação de indícios de prática de crime doloso de máximo superior a 3 anos, e por outro, a convicção de um certo "esquecimento" por parte dos magistrados, de que esta norma é para aplicar e não apenas para constar no papel.

Fica o nosso alerta e a nossa promessa de dedicar a nossa proxima obra, exclusivamente a esta temática.

As Medidas de Coação dizem respeito a todos. Assim se justifica esta obra.

Leiria, 26 de Novembro de 2011.

PREFÁCIO

Quis o meu amigo Fernando Gonçalves ter a amabilidade de me convidar para prefaciar este seu esclarecedor elucidativo e muito denso livro sobre as medidas de coação. Aceitei com agrado pois trata-se, sem dúvida, de mais uma das vertentes, talvez das mais insólitas desta grande estrada do Atlântico que, a um tempo, nos une e nos separa. Trata-se de lançar pontes, as mais diversas, que possam permitir a nossa união.

Pertencemos ambos a uma geração que sonhou com a utopia de um mundo sem grades e sem prisões. Acreditávamos que bastaria o culto dos valores e homens de boa vontade para que não fossem necessárias as medidas de coação. Bem depressa a dura realidade revelou-se insofismável: as medidas de coação são absolutamente imprescindíveis também no nosso mundo moderno. Mas, quem sabe a divulgação cada vez mais ampla das medidas de coação possa vir a ter também o efeito benéfico de fazer com que cada vez menos pessoas se coloquem na posição de serem delas objecto.

Este livro que tenho o prazer de prefaciar trata das medidas de coacção e de garantia patrimonial que são meios processuais de limitação da liberdade pessoal, que correspondem às necessidades processuais de natureza cautelar resultantes da existência de perigos previstos na lei, tendo como função assegurar a boa prossecução do processo e acautelar o efeito útil da decisão.

Este livro, para além do enquadramento global do regime jurídico das medidas de coacção e garantia patrimonial (tratado na Parte III), tem a vantagem de trazer um resumo, de extrema importância, sobre as finalidades e os pressupostos do processo penal (tratado na Parte I), por um lado, e por outro, as formas de processo: comum e especiais (tratado na Parte II). Constitui-se, assim, inquestionavelmente, num auxiliar precioso para os Magistrados, Juristas, Advogados, atendendo ao modo como são tratadas e relacionadas estas matérias.

No fundo são esses os meus mais sinceros votos e acredito serem os dos meus amigos Fernando Gonçalves e Manuel João Alves: *Que o conhecimento cada vez mais amplo e aperfeiçoado, não apenas pelos juristas e aplicadores da Lei mas também pelos cidadãos em geral, torne as medidas de coacção cada vez menos necessárias.*

VERA DUARTE
Cidade da Praia aos 10 de Dezembro de 2011
Dia Internacional dos Direitos Humanos

SIGLAS

Ac	–	Acórdão
BMJ	–	Boletim do Ministério da Justiça
CC	–	Código Civil
CEDH	–	Convenção Europeia dos Direitos do Homem
CJ	–	Colectânea de Jurisprudência
CJ-Acs-STJ	–	Colectânea de Jurisprudência – Acórdãos do Supremo Tribunal de Justiça
CP	–	Código Penal
CPP	–	Código de Processo Penal
CRP	–	Constituição da República Portuguesa
DUDH	–	Declaração Universal dos Direitos do Homem
DL	–	Decreto-Lei
DR	–	Diário da República
JIC	–	Juiz de Instrução Criminal
MP	–	Ministério Público
OPC	–	Órgãos de Polícia Criminal
PIDCP	–	Pacto Internacional sobre Direitos Civis e Políticos
PJ	–	Polícia Judiciária
RLP	–	Revista de Legislação e Jurisprudência
RMP	–	Revista do Ministério Público
RPCC	–	Revista Portuguesa de Ciência Criminal
STJ	–	Supremo Tribunal de Justiça
TC	–	Tribunal Constitucional
TRC	–	Tribunal da Relação de Coimbra
TRE	–	Tribunal da Relação de Évora
TRL	–	Tribunal da Relação de Lisboa
TRP	–	Tribunal da Relação do Porto

Parte I

Finalidades e Pressupostos do Processo Penal

Capítulo I
Finalidades do Processo Penal

1. Considerações gerais

Sendo Portugal um Estado de Direito democrático e social, baseado na dignidade da pessoa humana, no respeito e na garantia de efectivação dos direitos e liberdades fundamentais do cidadão[1], impõem-se que o nosso processo penal, numa perspectiva jurídico-processual, tenha como finalidades, na aplicação da lei penal aos casos concretos, a descoberta da verdade material, a realização da justiça no caso concreto, por meios processualmente admissíveis. A protecção dos direitos fundamentais dos cidadãos perante o Estado, o restabelecimento da paz jurídica dos cidadãos, posta em causa através do cometimento do crime e a reafirmação da validade da norma violada – procurando garantir, assim, como afirma Germano Marques da Silva[2], que nenhum responsável passe sem punição *(impunitum non relinqui facinus)* nem nenhum inocente seja condenado *(innocentum non condennari)* – são seus corolários.

2. A descoberta da verdade material e a realização da justiça

A *verdade processual* não assenta numa ideia de certeza cientificamente comprovada, mas sim numa ideia de probabilidade. Na expressão de Germano Marques da Silva[3], ela não é senão o resultado probatório pro-

---

[1] Cfr. artigos 1º e 2º da Constituição da República.
[2] *Curso de Processo Penal I*, Editorial Verbo, 1993, p. 24.
[3] *Curso de Processo Penal II*, Editorial Verbo, 1993, p. 96.

cessualmente válido, isto é, a convicção de que certa alegação singular de facto é justificavelmente aceitável como pressuposto da decisão, obtida por meios processualmente válidos.

O que está verdadeiramente em causa no processo penal, como escrevemos já[4], não é a *verdade formal* mas bem diferentemente a *verdade material*, implicando tal desiderato que esta última se equacione num duplo sentido. Por um lado que seja uma verdade imune às influências que a acusação e defesa queiram exercer sobre ela, *ex vi* dos respectivos comportamentos. Por outro, que seja uma verdade processualmente legitimada e consequentemente válida e não obtida a todo ou a qualquer preço. Uma verdade obtida, em suma, no escrupuloso e integral respeito dos direitos fundamentais dos cidadãos, arguidos num determinado processo penal.

A *realização da justiça* pressupõe, pois, a descoberta da verdade material, pressuposto legitimador da necessidade e sujeição da sanção penal, que visa a protecção de bens jurídicos fundamentais, mas também a reintegração do agente do crime na sociedade, sendo certo que, em caso algum, a pena pode ultrapassar a medida da culpa[5], e ainda o restabelecimento da paz jurídica comunitária, posta em causa através do cometimento do crime.

3. A protecção dos direitos fundamentais dos cidadãos perante o Estado

A protecção dos direitos fundamentais das pessoas, enquanto fim também do processo penal, tem como um dos corolários a consideração de certos métodos de obtenção de prova como inadmissíveis ou ilegítimos, com a consequente proibição de valoração das provas obtidas mediante, designadamente, tortura, coacção, ofensa da integridade física ou moral das pessoas, abusiva intromissão na vida privada, no domicílio, na correspondência ou nas telecomunicações (arts. 32º, nº 8, da Constituição da República e 126º do Código de Processo Penal)[6-7].

---

[4] Cfr. O nosso *Os Tribunais As Polícias e o Cidadão – O Processo Penal Prático –*, 2ª Edição revista e actualizada, Almedina Coimbra 2002, p. 139.

[5] Cfr. art. 40º do *Código Penal*.

[6] Sobre a prova e proibições de prova, vide o nosso *Os Tribunais As Polícias e o Cidadão, cit.*, pp. 122 e ss.

[7] *Código de Processo Penal*, «Artigo 126º *(Métodos proibidos de prova)* 1 – São nulas, não podendo ser utilizadas, as provas obtidas mediante tortura, coacção ou, em geral, ofensa da integri-

A estas limitações à obtenção da prova, cederá, naturalmente, a descoberta da verdade material que será, assim, sacrificada. O que, aliás, se compreende, na medida em que elas emergem das regras de um Estado de Direito, segundo as quais, a decisão penal final, condenatória ou absolutória, deverá resultar de um modo processualmente admissível e válido, no integral respeito dos direitos fundamentais dos cidadãos, arguidos num processo penal.

4. O restabelecimento da paz jurídica

O restabelecimento da paz jurídica dos cidadãos, posta em causa através do cometimento do crime ou mesmo da suspeita da sua prática, incide, como refere Germano Marques da Silva[8], tanto no plano individual, do arguido e da vítima, como no plano mais amplo da comunidade jurídica. Esta finalidade liga-se, em grande parte, a valores de segurança e, por isso, merece destaque a posição de Goldschmidt, para quem o fim do processo era a obtenção de uma sentença com força de caso julgado. Daí que uma das finalidades do processo penal visa não só a condenação dos culpados mas também a absolvição dos inocentes tendo em vista precisamente o desiderato da paz pública.

---

dade física ou moral das pessoas. 2 – São ofensivas da integridade física ou moral das pessoas as provas obtidas, mesmo que com consentimento delas, mediante: *a)* Perturbação da liberdade de vontade ou de decisão através de maus tratos, ofensas corporais, administração de meios de qualquer natureza, hipnose ou utilização de meios cruéis ou enganosos; *b)* Perturbação, por qualquer meio, da capacidade de memória ou de avaliação; *c)* Utilização da força, fora dos casos e dos limites permitidos pela lei; *d)* Ameaça com medida legalmente inadmissível e, bem assim, com denegação ou condicionamento da obtenção de benefício legalmente previsto; *e)* Promessa de vantagem legalmente inadmissível. 3 – Ressalvados os casos previstos na lei, são igualmente nulas, não podendo ser utilizadas, as provas obtidas mediante intromissão na vida privada, no domicílio, na correspondência ou nas telecomunicações sem o consentimento do respectivo titular. 4 – Se o uso dos métodos de obtenção de provas neste artigo constituir crime, podem aquelas ser utilizadas com o fim exclusivo de proceder contra os agentes do mesmo».

8 *Curso de Processo Penal I, cit.*, p. 25.

Capítulo II
Pressupostos Processuais

1. Conceito e considerações gerais[9]

Pressupostos processuais são, na *perspectiva funcional*, como refere Germano Marques da Silva[10], requisitos de admissibilidade, condições prévias para a tramitação de uma relação processual, e, na *estrutural*, são elementos constitutivos da relação jurídica processual, que devem verificar-se para que possa proferir-se no processo uma decisão de mérito. Por isso, a falta de algum dos sujeitos processuais, arguido, Ministério Público ou tribunal, implica a inexistência jurídica de uma eventual decisão de mérito.

Sendo os pressupostos processuais *condições* da existência do processo ou de alguma das suas fases, a sua falta determina a *inexistência jurídica* do processo ou de determinada fase a que diga respeito[11].

Diferente dos *pressupostos processuais* são os *requisitos de validade da relação processual ou dos actos processuais*. Enquanto a falta dos pressupostos processuais determina a *inexistência jurídica* do processo ou de alguma das suas fases, a falta dos requisitos de validade da relação processual ou dos actos processuais determina apenas a *nulidade* ou *irregularidade* dos actos ou do processo.

---

[9] Sobre os pressupostos processuais seguimos, de muito perto, Germano Marques da Silva, *Curso de Processo Penal III*, Editorial Verbo, 1994, pp. 25 e ss.

[10] *Curso de Processo Penal, cit.*, vol. I, pp. 29-30.

[11] Neste sentido, Germano Marques da Silva, *Curso de Processo Penal I, cit.*, p. 30.

A falta de qualquer pressuposto processual pode ser conhecida a *todo o tempo*, ainda que, como refere Germano Marques da Silva[12], a lei, por uma razão de ordem obrigue à verificação da sua presença ou da sua falta em determinados momentos. Pode ocorrer desde logo no decurso do inquérito, e por parte do Ministério Público deve ocorrer no momento do encerramento do inquérito. Também na fase de instrução, no momento da sua admissão e necessariamente na decisão instrutória. No início da fase do julgamento a lei manda também conhecer das questões prévias[13], incluindo, por isso, a decisão sobre os pressupostos, mas no decurso de todo o processo podem ser conhecidos a todo o tempo.

2. Pressupostos processuais relativos aos sujeitos

2.1. Relativos ao tribunal

O tribunal só pode decidir sobre determinada matéria se ela respeitar o âmbito da sua jurisdição. A *jurisdição* é, pois, pressuposto da existência das fases processuais em que o tribunal é *dominus*.

Em sentido etimológico, a palavra jurisdição significa *dizer o direito*. Porém, como salienta Germano Marques da Silva[14], o sentido, hoje, é mais limitado e significa apenas a *declaração do direito realizada pelos tribunais*. Por isso, quando falamos de *jurisdição penal* referimo-nos à *jurisdição judicial penal*.

A jurisdição, enquanto emanação e manifestação directa da soberania, constitui um poder-dever exclusivo do Estado, ao contrário do que aconteceu noutras épocas, em que vigorou o sistema da justiça privada, que o exerce através de tribunais independentes em relação a quaisquer outros poderes, designadamente o político, sujeitos apenas à lei (art. 203º da CRP), com independência também dos juízes, garantida pela sua inamovibilidade e irresponsabilidade (art. 216º, números 1 e 2, da CRP), cujas decisões são obrigatórias para todas as entidades públicas e priva-

---

[12] *Curso de Processo Penal cit.*, vol. III, pp. 26-27.
[13] *Código de Processo Penal*, «Artigo 311º (...). 1 – Recebidos os autos no tribunal, o presidente pronuncia-se sobre as nulidades e outras questões prévias ou incidentais que obstem à apreciação do mérito da causa, de que possa desde logo conhecer».
[14] *Curso de Processo Penal I, cit.*, p. 103.

PRESSUPOSTOS PROCESSUAIS

das e prevalecem sobre as de quaisquer outras autoridades (art. 205º, nº 2, da Lei fundamental).

A jurisdição penal, como é referido por Germano Marques da Silva[15], integra um conjunto de poderes e deveres em ordem à declaração do facto como crime e do arguido como por ele penalmente responsável ou não, à aplicação da pena ao agente e à execução dela e, bem assim, à verificação dos pressupostos das medidas de segurança criminais, sua aplicação e execução. Abrange ainda um conjunto de poderes e deveres para a prática de actos preparatórios da decisão final que afectem a esfera das liberdades do arguido ou de terceiros jurídico-constitucionalmente garantidas.

A jurisdição não deve confundir-se com a *competência*. Enquanto a *jurisdição* é pressuposto do processo, a *competência* é requisito da validade do processo.

A falta de jurisdição verifica-se quer porque a entidade actuante não é um tribunal, quer porque, sendo tribunal, não possui jurisdição relativamente ao objecto do processo em questão. Os actos jurisdicionais penais praticados por entidade que não seja órgão jurisdicional ou por tribunal sem jurisdição *são inexistentes*. Sendo a competência um requisito da validade do processo, a sua falta tem como efeito que o processo seja remetido para o tribunal competente, nos termos do art. 33º do CPP[16-17].

2.2. Relativos ao Ministério Público

O Ministério Público tem legitimidade para promover o processo penal, com as restrições constantes dos artigos 49º a 52º (art. 48º do CPP)[18].

---

[15] *Ob.cit.*, vol. I, p. 104.

[16] *Código de Processo Penal*, «Artigo 33º *(Efeitos da declaração de incompetência)*. 1 – Declarada a incompetência do tribunal, o processo é remetido para o tribunal competente, o qual anula os actos que se não teriam praticado se perante ele tivesse corrido o processo e ordena a repetição dos actos necessários para conhecer da causa. 2 – O tribunal declarado incompetente pratica os actos processuais urgentes. 3 – As medidas de coacção ou de garantia patrimonial ordenadas pelo tribunal declarado incompetente conservam eficácia mesmo após a declaração de incompetência, mas devem, no mais breve prazo, ser convalidadas ou infirmadas pelo tribunal competente. 4 – Se para conhecer de um crime não forem competentes os tribunais portugueses, o processo é arquivado».

[17] Neste sentido, Germano Marques da Silva, *Ob. cit.*, vol. III, p. 27.

[18] *Código de Processo Penal*, «Artigo 49º *(Legitimidade em procedimento dependente de queixa)* 1 – Quando o procedimento criminal depender de queixa, do ofendido ou de outras pessoas,

O exercício da acção penal é, pois, da competência do Ministério Público, que é seu legítimo titular, competindo-lhe, no processo penal, colaborar com o tribunal na descoberta da verdade e na realização do direito, obedecendo em todas as intervenções processuais a critérios de estrita objectividade, e em especial, receber as denúncias, as queixas e as participações e decidir o seguimento a dar-lhes, dirigir o inquérito, deduzir acusação e sustentá-la efectivamente na instrução e no julga-

é necessário que essas pessoas dêem conhecimento do facto ao Ministério Público, para que este promova o processo. 2 – Para o efeito do número anterior, considera-se feita ao Ministério Público a queixa dirigida a qualquer outra entidade que tenha a obrigação legal de a transmitir àquele. 3 – A queixa pode ser apresentada pelo titular do direito respectivo, por mandatário judicial ou por mandatário munido de poderes especiais. 4 – O disposto nos números anteriores é correspondentemente aplicável aos casos em que o procedimento criminal depender da participação de qualquer autoridade».

«Artigo 50º (*Legitimidade em procedimento dependente de acusação particular*) 1 – Quando o procedimento criminal depender de acusação particular, do ofendido ou de outras pessoas, é necessário que essas pessoas se queixem, se constituam assistentes e deduzam acusação particular. 2 – O Ministério Público procede oficiosamente a quaisquer diligências que julgar indispensáveis à descoberta da verdade e couberem na sua competência, participa em todos os actos processuais em que intervier a acusação particular, acusa conjuntamente com esta e recorre autonomamente das decisões judiciais. 3 – É correspondentemente aplicável o disposto no nº 3 do artigo anterior».

«Artigo 51º (*Homologação da desistência da queixa ou da acusação particular*) 1 – Nos casos previstos nos artigos 49º e 50º, a intervenção do Ministério Público no processo cessa com a homologação da desistência da queixa ou da acusação particular. 2 – Se o conhecimento da desistência tiver lugar durante o inquérito, a homologação cabe ao Ministério Público; se tiver lugar durante a instrução ou o julgamento, ela cabe, respectivamente, ao juiz de instrução ou ao presidente do tribunal. 3 – Logo que tomar conhecimento da desistência, a autoridade judiciária competente para a homologação notifica o arguido para, em cinco dias, declarar, sem necessidade de fundamentação, se a ela se opõe. A falta de declaração equivale a não oposição. 4 – Se o arguido não tiver defensor nomeado e for desconhecido o seu paradeiro, a notificação a que se refere o número anterior efectua-se editalmente».

«Artigo 52º (*Legitimidade no caso de concurso de crimes*) 1 – No caso de concurso de crimes, o Ministério Público promove imediatamente o processo por aqueles para que tiver legitimidade, se o procedimento criminal pelo crime mais grave não depender de queixa ou de acusação particular, ou se os crimes forem de igual gravidade. 2 – Se o crime pelo qual o Ministério Público pode promover o processo for de menor gravidade, as pessoas a quem a lei confere o direito de queixa ou de acusação particular são notificadas para declararem, em cinco dias, se querem ou não usar desse direito. Se declararem: *a*) Que não pretendem apresentar queixa, ou nada declararem, o Ministério Público promove o processo pelos crimes que puder promover; *b*) Que pretendem apresentar queixa, considera-se esta apresentada».

mento, interpor recursos, ainda que no exclusivo interesse da defesa e promover a execução das penas e das medidas de segurança (art. 53º, do CPP).

A legitimidade do Ministério Público constitui requisito de validade do processo.

O exercício da acção penal pelo Ministério Público, como resulta do disposto nos artigos 49º a 52º e 285º, do CPP[19], nos crimes semipúblicos e particulares é condicionado pelo exercício do direito queixa dos assistentes, constituindo, assim, requisito de legitimidade do Ministério Público, em relação à promoção do procedimento por estes tipos de crime.

A ausência da acção penal implicará a falta de um pressuposto processual da existência do processo. Porém, como salienta Germano Marques da Silva[20], podem faltar apenas condições concretas do seu exercício, caso em que o que falta é um requisito de validade do processo.

Constitui *nulidade insanável*, que deve ser oficiosamente declarada em qualquer fase do procedimento, a falta de promoção do processo pelo Ministério Público, nos termos do art. 48º, do CPP, bem como a sua ausência a actos relativamente aos quais a lei exigir a respectiva comparência (art. 119º, al. *b*), do CPP). Com o Prof. Germano Marques da Silva[21] diremos que este preceito legal refere-se apenas à ilegalidade da promoção do processo pelo Ministério Público, por falta de queixa, nos crimes semipúblicos e particulares, ou de acusação particular, nos crimes particulares, e a qualquer outra irregularidade na promoção do processo, *v. g.* por delegação do Ministério Público, mas não, por exemplo, *à usurpação das funções* do Ministério Público, caso este que será causa de *inexistência do processo*.

2.3. Relativos ao arguido

Embora na denúncia, bem como no auto de notícia, não seja obrigatória a identificação do agente do crime, podendo mesmo ser desconhecido(s) (artigos 242º e 243º, do CPP), a acusação não é possível sem a imputação a determinada pessoa de um certo crime. A partir da acusa-

---

[19] Este último alterado pelo Decreto-Lei nº 320-C/2000, de 15 de Dezembro.
[20] *Curso de Processo Penal III, cit.*, p. 28.
[21] *Ob. cit.*, vol. III, p. 28.

ção não pode, pois, haver processo sem arguido(s)[22]. A partir da acusação, a existência de arguido(s) constitui um pressuposto da existência do processo.

3. Pressupostos processuais relativos ao objecto do processo

Objecto do processo penal são os factos que fundamentam a aplicação ao arguido de uma pena ou medida de segurança, ou seja, factos qualificados pela lei penal como crime.

Em bom rigor, como refere Germano Marques da Silva[23], não são os factos o objecto do processo, mas sim as alegações de facto, na medida em que o que se trata no processo é de verificar se determinada alegação de facto se pode dar ou não como verdadeira. Só por simplificação se pode dizer que o objecto do processo são os factos, pois os factos podem não existir e nem por isso a relação foi inexistente.

O objecto do processo constitui, pois, a relação jurídica processual, a qual pode estar inquinada, quer devido à inexistência do próprio objecto, ou porque já o foi em relação a outro processo, não podendo, assim, voltar a sê-lo (*non bis in idem*), quer porque está pendente outro processo com o mesmo objecto (litispendência) ou ainda porque aquele objecto não pode ser submetido a julgamento, devido à sua prescrição[24].

3.1. O caso julgado material: o princípio *non bis in idem*

O caso julgado material, relativamente a outros processos **com o mesmo objecto**, tem uma função ou efeito negativo, na medida em que impede novo julgamento relativo à mesma questão.

O *efeito negativo* do caso julgado penal constitui, pois, um pressuposto processual negativo, por força do princípio *non bis in idem*, consagrado no art. 29º, nº 5, da Constituição da República: «*Ninguém pode ser julgado mais do que uma vez pela prática do mesmo crime*».

O princípio *non bis in idem* constitui, pois, uma garantia fundamental do arguido, cujo preceito constitucional que a consagra é directamente aplicável e vincula as entidades públicas e privadas (art. 18º, nº 1, da CRP).

---

[22] *Código de Processo Penal*, «Artigo 283º (Acusação pelo Ministério Público) (...) 3 – A acusação contém, sob pena de nulidade: *a*) As indicações tendentes à identificação do arguido...».
[23] *Ob. cit.*, vol. III, p. 29.
[24] Neste sentido, Germano Marques da Silva, *ob. cit.*, vol. III, pp. 29-30.

A existência de caso julgado, como se referiu, impede novo julgamento relativamente ao mesmo crime. Assim, qualquer eventual decisão posterior à primeira, resultante de um novo julgamento será, necessariamente, juridicamente inexistente.

3.2. A litispendência

A litispendência consiste na existência de um processo, com determinado objecto ou determinada causa, estando pendente, no mesmo tribunal ou em tribunais diferentes, um outro processo com o mesmo objecto ou a mesma causa.

O Código de Processo Penal não disciplina a litispendência devendo, assim, aplicar-se subsidiariamente a disciplina estabelecida no Código de Processo Civil, *ex vi* do art. 4º, do CPP, com a consequente absolvição da instância.

A litispendência, tendo como fim, à semelhança do caso julgado, evitar a contradição de julgados e, por outro lado, prejuízos pecuniários, de economia processual e dispêndio de esforços, é, também, uma consequência do princípio *non bis in idem*, na medida em que, como impõe o art. 29º, nº 5, da Constituição da República Portuguesa, *«Ninguém pode ser julgado mais do que uma vez pela prática do mesmo crime»*, pelo que, um processo que jamais poderá conduzir a um julgamento não deverá manter-se.

Tradicionalmente, como refere Germano Marques da Silva[25], entendia-se que só existia litispendência a partir da acusação em juízo, uma vez que é pela acusação que se define o objecto do processo e, por isso, só a partir da acusação se pode verdadeiramente considerar a pendência de mais uma causa sobre o mesmo objecto. Porém, o princípio tem de sofrer adaptações em consonância com a natureza do processo penal. É que se é certo que a fase jurisdicional do processo começa apenas com a acusação formal ou equiparada, certo é também que mesmo na fase do inquérito pode já haver intervenção da jurisdição. Seria, por exemplo, incompreensível e intolerável que, correndo dois processos em fase de inquérito com idêntico objecto, pudessem ser aplicadas simultânea ou sucessivamente ao mesmo arguido e pelos mesmos factos medidas de coacção cumulativas.

---

[25] *Ob. cit.*, vol. III, p. 40 e nota de rodapé nº 2.

FINALIDADES E PRESSUPOSTOS DO PROCESSO PENAL

A litispendência, enquanto excepção, parece dever ser deduzida no processo em que a jurisdição intervém em segundo lugar, como, aliás, no processo civil[26].

3.3. A prescrição do procedimento criminal

A prescrição do procedimento criminal é uma das causas de extinção da responsabilidade criminal, pelo decurso do tempo, a contar sobre a prática do crime, o que significa que, relativamente a determinado crime, não pode haver lugar a procedimento criminal por extinção da punibilidade do facto e da consequente responsabilidade criminal.

A prescrição do procedimento criminal, cujo prazo varia, consoante a gravidade do crime cometido, está prevista nos artigos 118º a 121º, do Código Penal[27].

---

[26] Neste sentido, Germano Marques da Silva, *ob cit.*, vol. III, p. 40.

[27] *Código Penal*, «Artigo 118º (*Prazos de prescrição*) 1. O procedimento criminal extingue-se, por efeito de prescrição, logo que sobre a prática do crime tiverem decorrido os seguintes prazos: *a*) 15 anos, quando se tratar de crimes puníveis com pena de prisão cujo limite máximo for superior a 10 anos; *b*) 10 anos, quando se tratar de crimes puníveis com pena de prisão cujo limite máximo for igual ou superior a 5 anos, mas que não exceda 10 anos; *c*) 5 anos, quando se tratar de crimes puníveis com pena de prisão cujo limite máximo for igual ou superior a 1 ano, mas inferior a 5 anos; *d*) 2 anos nos restantes casos. 2. Para efeito do disposto no número anterior, na determinação do máximo da pena aplicável a cada crime são tomados em conta os elementos que pertençam ao tipo de crime, mas não as circunstâncias agravantes ou atenuantes. 3. Quando a lei estabelecer para qualquer crime, em alternativa, pena de prisão ou de multa, só a primeira é considerada para efeito do disposto neste artigo». Artigo 119º (*Início do prazo*) 1. O prazo de prescrição do procedimento criminal corre desde o dia em que o facto se tiver consumado. 2. O prazo de prescrição só corre: *a*) Nos crimes permanentes, desde o dia em que cessar a consumação; *b*) Nos crimes continuados e nos crimes habituais, desde o dia da prática do último acto; *c*) Nos crimes não consumados, desde o dia do último acto de execução. 3. No caso de cumplicidade atende-se sempre, para efeitos deste artigo, ao facto do autor. 4. Quando for relevante a verificação de resultado não compreendido no tipo de crime, o prazo de prescrição só corre a partir do dia em que aquele resultado se verificar.

Artigo 120º (*Suspensão da prescrição*) 1. A prescrição do procedimento criminal suspende-se, para além dos casos especialmente previstos na lei, durante o tempo em que: *a*) O procedimento criminal não puder legalmente iniciar-se ou continuar por falta de autorização legal ou de sentença a proferir por tribunal não penal, ou por efeito da devolução de uma questão prejudicial a juízo não penal; *b*) O procedimento criminal estiver pendente a partir da notificação da acusação ou, não tendo esta sido deduzida, a partir da notificação da decisão instrutória que pronunciar o arguido ou do requerimento para aplicação de sanção em processo

Uma das questões que se têm colocado a propósito da prescrição do procedimento criminal é justamente a de saber qual a sua natureza: processual, substantiva, mista?

A este propósito decidiu o Tribunal da Relação do Porto[28] que, o instituto da prescrição do procedimento criminal, que se traduz numa renúncia do Estado ao *jus puniendi*, é de natureza *substantiva*.

Germano Marques da Silva[29], por seu turno, entende, a nosso ver bem, que a prescrição, enquanto referida ao procedimento, tem natureza *processual*. Porém, como em matéria penal não há punibilidade sem procedimento e sendo certo que a prescrição impede o procedimento, tendo, assim, efeitos de extinção da responsabilidade penal, da punibilidade, tem também natureza *substantiva*. Daí que a disciplina da prescrição do procedimento criminal conste no Código Penal.

---

sumaríssimo; *c)* Vigorar a declaração de contumácia; *d)* A sentença não puder ser notificada ao arguido julgado na ausência; ou *e)* O delinquente cumprir no estrangeiro pana ou medida de segurança privativas da liberdade. 2. No caso previsto na alínea *b)* do número anterior a suspensão não pode ultrapassar 3 anos. 3. A prescrição volta a correr a partir do dia em que cessar a causa da suspensão.
Artigo 121º (*Interrupção da prescrição*) 1. A prescrição do procedimento criminal interrompe-se: *a)* Com a constituição de arguido; *b)* Com a notificação da acusação ou, não tendo esta sido deduzida, com a notificação da decisão instrutória que pronunciar o arguido ou com a notificação do requerimento para aplicação da sanção em processo sumaríssimo; *c)* com a declaração de contumácia; *d)* Com a notificação do despacho que designa dia para a audiência na ausência do arguido. 2. Depois de cada interrupção começa a correr novo prazo de prescrição. 3. A prescrição do procedimento criminal tem sempre lugar quando, desde o seu início e ressalvado o tempo de suspensão, tiver decorrido o prazo normal de prescrição acrescido de metade. Quando, por força de disposição especial, o prazo de prescrição for inferior a 2 anos o limite máximo da prescrição corresponde ao dobro desse prazo».
[28] Acórdão de 23 de Março de 1984, *Colectânea de Jurisprudência*, IX, Tomo II, p. 253.
[29] *Ob. cit.*, vol. III, p. 39.

Parte II

Formas de Processo: Comum e Especiais

Capítulo I
O Processo Comum

1. Considerações gerais

O Código de Processo Penal classifica as formas de processo em *processo comum* e *processos especiais*. São três os tipos de processos especiais a que se refere o Livro VIII, do CPP: o *processo sumário*, regulado nos arts. 381º a 391º, o *processo abreviado*, regulado nos arts. 391º-A a 391º-G e o *processo sumaríssimo*, regulado nos arts. 392º a 398º.

As formas de *processos especiais* distinguem-se do *processo comum* em razão da natureza dos crimes[30] e da sua gravidade, do consenso das partes relativamente à pena a aplicar[31] e das provas *simples* e *evidentes* da existência de *indícios manifestos* de se ter verificado o crime e de quem foi o seu agente[32], como veremos nos capítulos seguintes.

2. Quando tem lugar

De uma forma geral podemos dizer que, a forma de *processo comum* é aplicável por exclusão de partes, isto é, são julgados em processo comum todos os crimes para os quais a lei não preveja forma de processo especial. Por outras palavras, são julgados em processo comum todos os cri-

---

[30] Os crimes particulares não podem ser julgados em processo sumário, uma vez que estes nunca dão lugar à detenção em flagrante delito, mas apenas à identificação do infractor (art. 255º, nº 4, do CPP). Não havendo lugar à detenção, não pode haver julgamento em processo sumário, que dela depende.

[31] No processo sumaríssimo.

[32] No processo abreviado.

FORMAS DE PROCESSO: COMUM E ESPECIAIS

mes que, legalmente, não possam sê-lo em qualquer das formas especiais: *processo sumário, abreviado* ou *sumaríssimo*.

As fases do processo comum são as seguintes: inquérito[33], instrução[34], julgamento, execução e recursos.

[33] A notícia (que pode ser adquirida pelo Ministério Público por conhecimento próprio, por intermédio dos órgãos de polícia criminal ou mediante denúncia – art. 241, do CPP) de um crime **público** dá sempre lugar à abertura de inquérito (art. 262º, nº 2, do CPP), com o qual se inicia a fase de *investigação*, a não ser que, verificados os pressupostos legais, o Ministério Público opte pela submissão do arguido a julgamento em processo sumário (art. 381º e ss., do CPP). Nos crimes semipúblicos o procedimento criminal depende de queixa do ofendido ou de outras pessoas previstas na lei (art. 113º, do Código Penal), pelo que, para que o Ministério Público possa promover o respectivo processo, torna-se necessário que essas pessoas se queixem (art. 49º, nº 1, do CPP). Nos crimes particulares, o procedimento criminal depende não apenas de queixa, mas também de acusação particular. Assim, para que possa haver procedimento criminal torna-se necessário que essas pessoas se queixem, se constituam assistentes e deduzam acusação particular (art. 50º, nº 1, do CPP).
O inquérito, dirigido pelo Ministério Público, assistido pelos órgãos de polícia criminal, que actuam sob a sua directa orientação e na sua dependência funcional (art. 263º, do CPP), *compreende o conjunto de diligências que visam investigar a existência de um crime, determinar os seus agentes e a responsabilidade deles e descobrir e recolher as provas, em ordem à decisão sobre a acusação* (art. 262º, nº 1, do CPP). Sobre a direcção do inquérito, vide Paulo Da Mesquita, *Direcção do Inquérito Penal e Garantia Judiciária*, Coimbra Editora, 2003.
[34] A instrução é uma fase processual excepcional, que visa a comprovação judicial da decisão de deduzir acusação ou de arquivar o inquérito em ordem a submeter ou não a causa a julgamento (art. 286º, nº 1, do CPP). A instrução tem carácter facultativo e não tem lugar nas formas de processo especiais (art. 286º, números 2 e 3, do CPP).
A abertura da instrução pode ser requerida, no prazo de 20 dias a contar da notificação da acusação ou do arquivamento do inquérito: *a)* Pelo arguido, relativamente a factos pelos quais o Ministério Público, ou o assistente em caso de procedimento dependente de acusação particular, tiverem deduzido acusação; ou *b)* Pelo assistente, se o procedimento não depender de acusação particular, relativamente a factos pelos quais o Ministério Público não tiver deduzido acusação (art. 287º, nº 1, als. *a)* e *b)*, do CPP). A instrução só pode, pois, ser requerida pelo arguido ou pelo assistente, e não, também, pelo Ministério Público.
A instrução, dirigida pelo juiz de instrução, assistido pelos órgãos de polícia criminal (art. 288º, nº 1, do CPP), é formada pelo conjunto de actos de instrução que o juiz entenda dever levar a cabo e, obrigatoriamente, por um debate instrutório, oral e contraditório, no qual podem participar o Ministério Público, o arguido, o defensor, o assistente e o seu advogado, mas não as partes civis (art. 289º, nº 1, do CPP), que visa permitir uma discussão perante o juiz, por forma oral e contraditória, sobre se, do decurso do inquérito e da instrução, resultam indícios de facto e elementos de direito suficientes para justificar a submissão do arguido a julgamento (art. 298º, do CPP).
A instrução culmina com um despacho de pronúncia ou de não pronúncia (arts. 307º e 308º, do CPP).

Capítulo II
O Processo Sumário

1. Quando tem lugar

São julgados em *processo sumário* os detidos em flagrante delito, nos termos dos artigos 255º[35] e 256º[36], por crime punível com pena de prisão cujo limite máximo não seja superior a cinco anos[37], mesmo em caso de

[35] *Código de Processo Penal*, «Artigo 255º *(Detenção em flagrante delito)* 1. Em caso de flagrante delito, por crime punível com pena de prisão: *a)* Qualquer autoridade judiciária ou entidade policial procede à detenção; *b)* Qualquer pessoa pode proceder à detenção, se uma das entidades referidas na alínea anterior não estiver presente nem puder ser chamada em tempo útil. 2. No caso previsto na alínea *b)* do número anterior, a pessoa que tiver procedido à detenção entrega imediatamente o detido a uma das entidades referidas na alínea *a)*, a qual redige auto sumário da entrega e procede de acordo com o estabelecido no artigo 259º. 3. Tratando-se de crime cujo procedimento dependa de queixa, a detenção só se mantém quando, em acto a ela seguido, o titular do direito respectivo o exercer. Neste caso, a autoridade judiciária ou entidade policial levantam ou mandam levantar auto em que a queixa fique registada. 4. Tratando-se de crime cujo procedimento dependa de acusação particular, não há lugar a detenção em flagrante delito, mas apenas à identificação do infractor».

[36] *Código de Processo Penal* «Artigo 256º *(Flagrante delito)* 1. É flagrante delito todo o crime que se está cometendo ou se acabou de cometer. 2. Reputa-se também flagrante delito o caso em que o agente for, logo após o crime, perseguido por qualquer pessoa ou encontrado com objectos ou sinais que mostrem claramente que acabou de o cometer ou de nele participar. 3. Em caso de crime permanente, o estado de flagrante delito só persiste enquanto se mantiverem sinais que mostrem claramente que o crime está a ser cometido e o agente está nele a participar». Sobre o conceito de flagrante delito, vide o nosso *Os Tribunais As Polícias e o Cidadão – O Processo Penal Prático –*, 2ª edição, revista e actualizada, Almedina Coimbra, 2002, pp. 26 e ss.

[37] Antes da revisão operada através da Lei nº 48/2007, de 29 de Agosto, o limite máximo era três anos.

concurso de infracções, quando à detenção tiver procedido qualquer autoridade judiciária[38] ou entidade policial[39] ou a detenção tiver sido efectuada por outra pessoa e, num prazo que não exceda 2 horas, o detido tenha sido entregue a uma das entidades referidas, tendo este redigido auto sumário da entrega (art. 381º nº 1, do CPP).

São ainda julgados em processo sumário os detidos em flagrante delito por crime punível com pena de prisão de limite máximo superior a cinco anos, mesmo em caso de concurso de infracções, quando o Ministério Público, na acusação, entender que não deve ser aplicada, em concreto, pena de prisão superior a cinco anos (art. 381º, nº 2, do CPP).

Para que o processo sumário seja aplicável num determinado caso concreto, torna-se, pois, necessário: a existência de crime punível com pena de prisão até *cinco anos* ou, a existência de crime punível com pena de prisão de limite máximo superior a cinco anos, mesmo em caso de concurso de infracções, quando o Ministério Público, na acusação, entender que, em com concreto, não deve ser aplicada pena de prisão superior a cinco anos; que o(s) arguido(s) tenha(m) sido detido(s), em flagrante delito, por qualquer autoridade judiciária ou entidade policial, ou outra pessoa, desde que, num prazo que não exceda duas horas, o detido seja entregue a uma das entidades referidas, que redigirá auto sumário da entrega[40] e que, a audiência tenha início, por via de regra, no prazo máximo de *quarenta e oito horas* após a detenção.

Com as revisões operadas através das Leis nºs 48/2007, de 29 de Agosto e 26/2010, de 30 de Agosto, o julgamento em processo sumário poderá ainda ter início até ao limite do 5º dia posterior à detenção, quando houver interposição de um ou mais dias não úteis no referido prazo de quarenta e oito horas ou, no prazo de *15 dias* após a detenção,

---

[38] São *autoridades judiciárias*: o juiz, o juiz de instrução e o Ministério Público, cada um relativamente aos actos processuais que cabem na sua competência (art. 1º, nº 1, al. *b*), do CPP).

[39] São *órgãos de polícia criminal*: todas as entidades e agentes policiais a quem caiba levar a cabo quaisquer actos ordenados por uma autoridade judiciária ou determinados por este Código (art. 1º, nº 1, al. *c*), do CPP). São *autoridades de polícia criminal*: os directores, oficiais, inspectores e subinspectores de polícia e todos os funcionários policiais a quem as leis respectivas reconhecerem aquela qualificação (art. 1º, nº 1, al. *d*), do CPP).

[40] Antes da revisão operada pela Lei nº 48/2007, de 29 de Agosto, o arguido detido em flagrante delito por outra pessoa diferente da autoridade judiciária ou entidade policial, não podia ser julgado em processo sumário.

caso o Ministério Público o considere necessário para a obtenção de meios de prova que considere essenciais à descoberta da verdade, como por exemplo, um exame a uma arma apreendida, um exame corporal, um exame a uma substância estupefaciente, etc., evitando-se, assim, que um julgamento que pode ser realizado em poucos dias, por se basear numa detenção em flagrante delito, seja remetido para processos mais solenes e consequentemente morosos, designadamente o processo comum. Pode ainda o julgamento em processo sumário ter início no mesmo prazo de **15 dias** após a detenção no caso de o Ministério Público requerer o arquivamento do processo em caso de dispensa da pena ou a suspensão provisória do processo e não for obtida a concordância do juiz de instrução ou, no caso de o arguido solicitar esse prazo para preparação da sua defesa (art. 387º, nº 2, do CPP).

Verificando-se o adiamento da audiência, o juiz adverte o arguido de que esta prosseguirá na data designada, mesmo que não compareça, sendo representado por defensor (nº 3, do referido art. 387º).

Se faltarem testemunhas de que o Ministério Público, o assistente ou o arguido não prescindam, a audiência não é adiada, ao contrário do que acontecia antes da revisão operada pelo Decreto-Lei nº 320-C/2000, de 15 de Dezembro, sendo inquiridas as testemunhas presentes pela ordem indicada nas alíneas *b*) e *c*) do artigo 341º[41], sem prejuízo da possibilidade de alteração do rol apresentado (nº 4, do mesmo preceito legal).

Verificados os pressupostos supra referidos, o julgamento deve ser efectuado em processo sumário.

Se, porém, o Ministério Público tiver razões para crer que a audiência de julgamento não se pode iniciar no prazo de 48 horas após a detenção, ou se decidir pela tramitação sob outra forma processual, liberta imediatamente o arguido, sujeitando-o, se necessário for, a termo de identidade e residência, ou apresenta-o ao juiz para efeitos de aplicação de medida de coacção ou de garantia patrimonial, como se compreende (art. 382º, nº 3).

---

[41] *Código de Processo Penal*, «Artigo 341º *(Ordem de produção da prova)* A produção da prova deve respeitar a ordem seguinte: *a*) Declarações do arguido; *b*) Apresentação dos meios de prova indicados pelo Ministério Público, pelo assistente e pelo lesado; *c*) Apresentação dos meios de prova indicados pelo arguido e pelo responsável civil».

FORMAS DE PROCESSO: COMUM E ESPECIAIS

Pode ainda o Ministério Público requerer o arquivamento do processo em caso de dispensa da pena ou a suspensão provisória do processo, devendo o juiz de instrução pronunciar-se sobre a sua concordância ou discordância no prazo de *cinco* dias (arts. 384º, nº 1, 280º e 281º).

O tribunal só pode remeter os autos ao Ministério Público para tramitação sob outra forma processual quando verificar: *a*) a inadmissibilidade, no caso, de processo sumário; *b*) não tenham podido, por razões devidamente justificadas, realizar-se, nos prazos referidos, as diligências de prova necessárias à descoberta da verdade; ou *c*) o procedimento se revelar de excepcional complexidade, devido, nomeadamente, ao número de arguidos ou de ofendidos ou ao carácter altamente organizado do crime (art. 390º, nº 1 do CPP)[42].

Se, depois de recebidos os autos, o Ministério Público deduzir acusação em *processo comum* com intervenção do tribunal singular, em *processo abreviado*, ou requerer a aplicação de pena ou medida de segurança não privativas da liberdade em *processo sumaríssimo*, a competência para o respectivo conhecimento mantém-se no tribunal competente para o julgamento sob a forma sumária (nº 2 do art. 390º, introduzido pela Lei nº 26/2010, de 30 de Agosto).

O despacho que decide a tramitação do processo sob outra forma processual é irrecorrível (art. 391º), o que bem se compreende, face aos prazos requeridos pela forma do processo sumário para o julgamento.

O julgamento em processo sumário não tem, pois, lugar nos crimes particulares[43], uma vez que estes nunca dão lugar à detenção em flagrante delito, mas apenas à identificação do infractor (art. 255º, nº 4, do CPP). Não havendo lugar à detenção, não pode haver julgamento em processo sumário, que dela depende.

2. Detenção e apresentação do detido ao Ministério Público e a julgamento

A autoridade judiciária, se não for o Ministério Público, ou a entidade policial que tiverem procedido à detenção ou a quem tenha sido efec-

---

[42] A complexidade da causa, que até 1998 era, também, fundamento para o reenvio e que deixou de o ser com a revisão introduzida pela Lei nº 59/98, de 25 de Agosto, voltou a sê-lo com a revisão operada pela Lei nº 48/2007, de 29 de Agosto.

[43] Sobre a natureza dos crimes (públicos, semi-públicos e particulares) vide o nosso *Os Tribunais As Polícias e o Cidadão* ..., *cit.*, pp. 35 e ss.

tuada a entrega do detido, apresentam-no, imediatamente ou no mais curto prazo possível, ao Ministério Público junto do tribunal competente para o julgamento (art. 382º, nº 1, do CPP).

O Ministério Público, depois de, se o julgar conveniente, interrogar sumariamente o arguido, apresenta-o imediatamente, ou no mais curto prazo possível, ao tribunal competente para julgamento salvo, como já se referiu, se requerer o arquivamento do processo, nos termos do art. 280º, ou a suspensão provisória do processo, nos termos do art. 281º, ou se decidir pela tramitação sob outra forma processual (arts. 382º, nºs 2 e 3, 384º, 280º a 282º, do CPP).

Se o Ministério Público se decidir pela tramitação sob outra forma processual, deve proceder à libertação imediata do arguido, sujeitando-o, se for caso disso, a termo de identidade e residência, ou apresentá-lo ao juiz de instrução competente para efeitos de aplicação de medida de coacção ou de garantia patrimonial (art. 382º, nº 3)

No caso de o Ministério Público se decidir pelo arquivamento do processo, ou pela suspensão provisória do mesmo, deve apresentar o arguido detido ao juiz de instrução competente, a fim de obter a sua concordância, devendo pronunciar-se no prazo de *cinco* dias (arts. 280º, 281º e 384º, nº 1). No caso de o juiz de instrução não manifestar a sua concordância, o Ministério Público notifica o arguido e as testemunhas para comparecerem numa data compreendida nos 15 dias posteriores à detenção para apresentação a julgamento em processo sumário, advertindo o arguido de que aquele se realizará, mesmo que não compareça, sendo representado por defensor (art. 384º, nº 2).

3. Libertação do arguido
No caso de a apresentação do arguido ao juiz não tiver lugar em acto seguido à detenção em flagrante delito, este só continua detido se houver razões para crer que: *a*) não se apresentará voluntariamente perante a autoridade judiciária na data e hora que lhe forem fixadas; *b*) quando se verificar em concreto alguma das circunstâncias previstas no artigo 204º[44] que apenas a manutenção da detenção permita acautelar; ou *c*) se tal se mostrar imprescindível para a protecção da vítima.

---

[44] Fuga ou perigo de fuga; ou perigo de perturbação do decurso do inquérito ou da instrução do processo e, nomeadamente, perigo para a aquisição, conservação ou veracidade da

FORMAS DE PROCESSO: COMUM E ESPECIAIS

Se se concluir, no entanto, que não poderá ser apresentado ao juiz no prazo de 48 horas, o arguido é de imediato libertado.

Ocorrendo a libertação do arguido nas situações referidas, o órgão de polícia criminal sujeita-o a termo de identidade e residência, notificando-o para comparecer perante o Ministério Público, no dia e hora que forem designados, a fim de ser submetido a audiência de julgamento em processo sumário, com a advertência de que esta se realizará, mesmo que não compareça, sendo representado por defensor; ou a primeiro interrogatório judicial e eventual aplicação de medida de coacção ou de garantia patrimonial (art. 385º, do CPP[45]).

Embora o nº 3 do referido art. 385º apenas preveja o caso de a libertação ser ordenada pelo órgão de polícia criminal, é também aplicável, por maioria de razão, ao caso de a libertação ser ordenada pelo Ministério Público[46].

4. Notificação das testemunhas, do ofendido e do arguido

A autoridade judiciária ou a entidade policial que tiverem procedido à detenção notificam, verbalmente, no próprio acto, as testemunhas da ocorrência, em número não superior a cinco, bem como o ofendido, se a sua presença for útil, para comparecerem perante o Ministério Público junto do tribunal competente para o julgamento (art. 383º, nº 1).

No mesmo acto deve o arguido ser informado de que pode apresentar ao Ministério Público junto do tribunal competente para o julgamento até cinco testemunhas, sendo estas, se presentes, verbalmente notificadas (nº 2, do mesmo preceito legal).

5. Princípios e regras gerais do julgamento em processo sumário

O julgamento em processo sumário regula-se pelas disposições relativas ao julgamento em *processo comum*, sendo os actos e termos do julgamento

---

prova; ou perigo, em razão da natureza e das circunstâncias do crime ou da personalidade do arguido, de que este continue a actividade criminosa ou perturbe gravemente a ordem e a tranquilidade públicas.

[45] Este artigo foi introduzido pela Lei nº 48/2007, de 29 de Agosto, tendo o nº 1 sido alterado pela Lei nº 26/2010, de 30 de Agosto. Porém, tem alguma correspondência com o art. 387º da versão originária.

[46] Neste sentido, Manuel Maia Gonçalves, *Código de Processo Penal Anotado*, 17ª Edição, 2009, Almedina, anotação ao art. 385º, p. 887.

O PROCESSO SUMÁRIO

reduzidos ao mínimo indispensável ao conhecimento e boa decisão da causa (art. 386º).

As pessoas com legitimidade para tal, podem constituir-se assistentes ou intervir como partes civis se assim o solicitarem, mesmo que só verbalmente, no início da audiência (art. 388º).

O pedido de indemnização civil pode, também, ser deduzido verbalmente, no início da audiência, que será registado na acta, nos termos dos artigos 363º e 364º47(art. 389º, nº 3).

Se o Ministério Público não estiver presente no início da audiência e não puder comparecer de imediato, o tribunal procede à sua substituição pelo substituto legal (art. 389º, nº 1).

A acusação, a contestação, o pedido de indemnização e a sua contestação, quando verbalmente apresentados, são também registados na acta (art. 389º, nº 3).

Em processo sumário a acusação e a contestação podem ser apresentadas verbalmente. No entanto, o Ministério Público pode substituir a apresentação da acusação pela leitura do auto de notícia da autoridade que tiver procedido à detenção (art. 389º, nº 2).

A apresentação da acusação e da contestação substituem as exposições introdutórias a que se refere o art. 339º: *a exposição sucinta pelo juiz sobre o objecto do processo e a indicação pelo Ministério Público, pelos advogados do assistente, do lesado e do responsável civil e pelo defensor, sumariamente e no prazo de dez minutos, dos factos que se propõem provar* (art. 389º, nº 4).

Finda a produção da prova, a palavra é concedida, por uma só vez, aos sujeitos processuais – Ministério Público, representantes do assistente e das partes civis e defensor –, para alegações finais, que não podem exceder o prazo máximo de trinta minutos, improrrogáveis, por cada sujeito processual (art. 389º, nº 5).

---

[47] *Código de Processo Penal*, «Artigo 363º *(Documentação de declarações orais)* As declarações prestadas oralmente na audiência são sempre documentadas na acta, sob pena de nulidade».
Código de Processo Penal, «Artigo 364º *(Forma da documentação)* 1 – A documentação das declarações prestadas oralmente na audiência é efectuada, em regra, através de gravação magnetofónica ou áudio-visual, sem prejuízo da utilização de meios estenográficos ou estenotípicos, ou de outros meios técnicos idóneos a assegurar a reprodução integral daquelas. É correspondentemente aplicável o disposto nos nºs 2 e 3 do artigo 101º. 2 – Quando houver lugar a gravação magnetofónica ou áudio-visual, deve ser consignado na acta o início e o termo da gravação de cada declaração».

A sentença é logo proferida oralmente e contém: *a indicação sumária dos factos provados e não provados, que pode ser feita por remissão para a acusação e contestação, com indicação e exame crítico sucintos das provas; a exposição concisa dos motivos de facto e de direito que fundamentam a decisão; os fundamentos sucintos que presidiram à escolha e medida da sanção aplicada, em caso de condenação e o dispositivo, nos termos previstos nas alíneas a) a d) do nº 3 do artigo 374º*, que deve ser sempre ditado para a acta e conter as disposições legais aplicáveis; a decisão condenatória ou absolutória; a indicação do destino a dar a coisas ou objectos relacionados com o crime e a ordem de remessa de boletins ao registo criminal (arts. 389º-A, nºs 1 e 2 e 374º, nº 3, als. *a*) a *d*)).

A sentença é, sob pena de **nulidade**, documentada nos termos dos artigos 363º e 364º, já referidos.

Ao arguido, ao assistente e ao Ministério Público é sempre entregue cópia da gravação da sentença, no prazo de 48 horas, salvo se expressamente declararem prescindir da entrega, sem prejuízo de qualquer sujeito processual a poder requerer nos termos do nº 3 do artigo 101º (art. 389º-A, nº 4).

Porém, no caso de ser aplicada pena privativa da liberdade ou, excepcionalmente, as circunstâncias do caso o tornarem necessário, o juiz, logo após a discussão, elabora a sentença por **escrito** e procede à sua leitura (nº 5 do mesmo preceito legal).

Em processo sumário só é admissível recurso da sentença ou de despacho que puser termo ao processo, cujo prazo para a interposição é contado a partir da entrega da cópia da gravação da sentença, excepto no caso previsto no nº 4 do art. 389º-A (art. 391º).

O processo sumário é, pois, um processo simplificado, vocacionado para reagir perante a pequena e média criminalidade, conciliando a celeridade da decisão com a descoberta da verdade material e, consequentemente, com a justiça no caso concreto. Daí que, nesta forma especial de processo, não haja lugar a inquérito[48], nem a instrução (art. 286º, nº 3).

---

[48] Na verdade, o arguido detido é submetido, imediatamente após a detenção, ou no mais curto prazo possível, a julgamento (art. 382º, nº 1, do CPP), podendo a acusação ser apresentada verbalmente, ou ser substituída pelo Ministério Público pela leitura do auto de notícia da autoridade que tiver procedido à detenção (art. 389º, números 2 e 3, do CPP).

Capítulo III
O Processo Abreviado

1. Considerações gerais

O *processo abreviado* foi introduzido no Código de Processo Penal através da Lei nº 59/98, de 25 de Agosto, que procedeu à sua reforma, encontrando-se disciplinado nos artigos 391º-A a 391-G, na esteira, aliás, do direito alemão, francês e espanhol.

O processo abreviado, face às provas *simples* e *evidentes* da existência de indícios suficientes[49] de se ter verificado o crime e de quem foi o seu agente é, também, um processo simplificado, com uma fase de inquérito sumário, e está vocacionado para reagir perante a média criminalidade, conciliando a celeridade da decisão com a descoberta da verdade material e, consequentemente, com a justiça no caso concreto.

2. Quando tem lugar

Em caso de crime punível com pena de multa ou com pena de prisão não superior a cinco anos, havendo provas *simples e evidentes* de que resultem indícios *suficientes* de se ter verificado o crime e de quem foi o seu agente, o Ministério Público, em face ao auto de notícia ou após realizar inqué-

---

[49] Sobre o conceito de *indícios suficientes* no processo penal português, vide, Jorge Noronha e Silveira, *Jornadas de Direito Processual Penal e Direitos Fundamentais*, organizadas pela Faculdade de Direito da Universidade de Lisboa e pelo Conselho Distrital de Lisboa da Ordem dos Advogados, com a colaboração do Goethe Institut e coordenação científica de Maria Fernanda Palma, Almedina Coimbra, 2004, pp. 155-181.

FORMAS DE PROCESSO: COMUM E ESPECIAIS

rito sumário, deduz acusação para julgamento em processo abreviado (art. 391º-A, nº 1, do CPP).

São ainda julgados em processo abreviado, os crimes puníveis com pena de prisão de limite máximo superior a cinco anos, mesmo em caso de concurso de infracções, quando o Ministério Público, na acusação, entender que não deve ser aplicada, em concreto, pena de prisão superior a cinco anos (arts. 391º-A, nº 2 e 16º, nº 3).

Considera-se que há provas simples e evidentes quando: *o agente tenha sido detido em flagrante delito e o julgamento não puder efectuar-se sob a forma de processo sumário; a prova for essencialmente documental e possa ser recolhida no prazo previsto para a dedução da acusação, ou a prova assentar em testemunhas presenciais com versão uniforme dos factos* (art. 391º-A, nº 3)[50].

O julgamento em processo abreviado depende, assim, como é inerente à sua natureza especial, da verificação cumulativa dos seguintes pressupostos: *a*) existência de crime punível com pena de multa ou com pena de prisão de limite máximo não superior a cinco anos ou, a existência de crime punível com pena de prisão de limite máximo superior a cinco anos, mesmo em caso de concurso de infracções, quando o Ministério Público, na acusação, entender que não deve ser aplicada, em concreto, pena de prisão superior a cinco anos; *b*) existência de provas *simples* e *evidentes* de que resultem indícios suficientes de se ter verificado o crime e de quem foi o seu agente; *c*) dedução da acusação pelo Ministério Público no prazo de **90 dias**, nos termos do nº 2 do art. 391º-B.

O prazo máximo de 90 dias para a dedução da acusação pelo Ministério Público é inerente à natureza especial do processo abreviado e à sua consequente simplicidade. Na verdade, face às provas *simples* e *evidentes* da existência de indícios suficientes de se ter verificado o crime e de quem foi o seu agente, mal se compreenderia o prolongamento da investigação pré-acusatória.

A simplicidade e evidência das provas significam que estas são fáceis, desprovidas de qualquer complexidade, claras, manifestas ou inequívo-

---

[50] A concretização do conceito de provas simples e evidentes, com recurso à técnica dos exemplos-padrão, como resulta das alíneas *a*), *b*) e *c*), do nº 3, constituiu uma alteração significativa, introduzida pela Lei nº 48/2007, de 29 de Agosto. A Lei nº 26/2010 de 30 de Agosto, ao alterar o corpo do nº 3, suprimindo a palavra "nomeadamente", limitou os casos em que as provas podem ser consideradas simples e evidentes, aos referidos nas aludidas alíneas.

cas, imediatamente apreensíveis, como a prova documental, os objectos e outras substâncias apreendidas ao arguido e as que, em geral, resultam dos casos de flagrante delito, não julgados em processo sumário, as quais permitam concluir, inequivocamente, sobre a verificação do crime e sobre quem foi o seu agente.

Os indícios de se ter verificado o crime e o respectivo agente, hão-de ser *suficientes*, o que significa que deles deve resultar uma possibilidade razoável de ao arguido vir a ser aplicada, por força deles, uma pena ou uma medida de segurança (art. 283º, nº 2, do CPP).

3. Acusação do Ministério Público

Face ao auto de notícia ou findo o inquérito sumário, e havendo provas *simples* e *evidentes* de que resultem indícios suficientes de se ter verificado o crime e de quem foi o seu agente, o Ministério Público deve deduzir acusação, para julgamento em processo abreviado, no prazo de **90 dias** a contar: *da verificação, no caso de suspensão provisória do processo, do incumprimento das injunções e regras de conduta ou da condenação do arguido, por crime da mesma natureza, cometido durante o prazo de suspensão do processo; da aquisição da notícia do crime, nos termos do disposto no art. 241º, tratando-se de crime público* ou, *da apresentação da queixa, nos restantes casos* (tratando-se de crime semipúblico) (nº 2, do art. 391º-B e arts. 384º, nº 3 e 282º, nº 4[51]).

A acusação do Ministério Público deve conter os elementos a que se refere o art. 283º, nº 3. Porém, a identificação do arguido e a narração dos factos podem ser efectuadas, no todo ou em parte, por remissão para o auto de notícia ou para a denúncia (art. 391º-B, nº 1).

Se se tratar de crime cujo procedimento dependa de acusação particular[52], a acusação do Ministério Público só tem lugar depois de deduzida, pelo assistente, a acusação particular (arts. 391º-B, nº 3, 285º, nº 1 e 50º, nº 1), o que bem se compreende face à natureza deste tipo de crime. O Ministério Público acusa, nos cinco dias posteriores à apresentação da

---

[51] *Código de Processo Penal*, «Artigo 282º *(Duração e efeitos da suspensão)* (...) 4 – O processo prossegue e as prestações feitas não podem ser repetidas: *a)* Se o arguido não cumprir as injunções e regras de conduta; ou *b)* Se, durante o prazo de suspensão do processo, o arguido cometer crime da mesma natureza pelo qual venha a ser condenado».

[52] Sobre a Acusação Particular, vide Cecília Santana, *Jornadas de Direito Processual Penal e Direitos Fundamentais cit.*, pp. 307-333.

acusação particular, pelos mesmos factos, por parte deles ou por outros que não importem uma alteração substancial daqueles[53], podendo ainda aderir à acusação do assistente na sua totalidade (art. 285º, nº 4).

Se, porventura o assistente, devidamente notificado para o efeito, não acusar, sendo o crime particular, ao Ministério Público não resta outro caminho que não seja o arquivamento dos autos (art. 285º, números 1 e 3).

À semelhança do processo sumário, também no processo abreviado é correspondentemente aplicável o disposto nos artigos 280º a 282º (nº 4, do art. 391º-B), o que significa que, caso o Ministério Público se decida pelo arquivamento do processo, ou pela suspensão provisória do mesmo, deve apresentar o arguido detido ao juiz de instrução competente, a fim de obter a sua concordância (arts. 280º e 281º).

4. Saneamento do processo

Recebidos os autos, o juiz conhece das nulidades e outras questões prévias ou incidentais que obstem à apreciação do mérito da causa (arts. 391º-C e 311º, nº 1, do CPP).

Se não rejeitar a acusação, o juiz designa dia para a audiência, com precedência sobre os julgamentos em processo comum, sem prejuízo da prioridade a conferir aos processos urgentes (art. 391º-C, nº 2).

5. Reenvio para outra forma de processo

O tribunal só remete os autos ao Ministério Público para tramitação sob outra forma processual quando se verificar a inadmissibilidade, no caso, do processo abreviado.

Se, depois de recebidos os autos, o Ministério Público deduzir acusação em processo comum com intervenção do tribunal singular ou requerer a aplicação de pena ou medida de segurança não privativas da liberdade em processo sumaríssimo, a competência para o respectivo conhecimento mantém-se no tribunal competente para o julgamento

---

[53] *Alteração substancial dos factos*: aquela que tiver por efeito a imputação ao arguido de um crime diverso ou a agravação dos limites máximos das sanções aplicáveis (art. 1º, nº 1, al. *f*), do CPP). Sobre a alteração substancial dos factos, vide Frederico Isasca, *Alteração Substancial dos Factos e Sua Relevância no Processo Penal Português*, citado.

na forma abreviada (art. 391º-D, com a redacção introduzida pela Lei nº 26/2010, de 30 de Agosto).

O despacho que decide a tramitação do processo sob outra forma processual é, à semelhança do processo sumário, irrecorrível (art. 391º-G).

6. Princípios e regras gerais do julgamento em processo abreviado

A produção da prova é feita durante a audiência, uma vez que não existe a fase de instrução, sendo a mesma reduzida ao mínimo indispensável.

O julgamento em processo abreviado regula-se pelas disposições relativas ao julgamento em processo comum, com as seguintes alterações:

Finda a produção da prova, é concedida a palavra ao Ministério Público, aos representantes do assistente e das partes civis e ao defensor, os quais podem usar dela por um prazo máximo de 30 minutos, prorrogáveis se necessário e assim for requerido. A réplica é admitida por um prazo máximo de dez minutos (art. 391º-E).

No que respeita à sentença, é aplicável ao processo abreviado o que referimos a propósito do processo sumário, para aí se remetendo (arts. 391º-F e 389º-A).

Em processo abreviado, como resulta da correspondente aplicação do art. 391º, só é admissível recurso da sentença ou do despacho que puser termo ao processo (art. 391º-G).

Capítulo IV
O Processo Sumaríssimo

1. Considerações gerais

O processo sumaríssimo, outra das formas de processo especial, sem qualquer tradição entre nós até 1987, representou uma das principais inovações do Código de Processo Penal de 1987 (arts. 392º a 398º). Porém, o seu espaço de aplicação era mais do que limitado, fundamentalmente, por duas ordens de razão. Em primeiro lugar, por ser apenas aplicável aos crimes puníveis com pena de prisão não superior a seis meses ou com pena de multa, ou ainda quando era aplicável a inibição do direito de conduzir. Depois, por não ter lugar nos crimes particulares.

Estes limites (pena de multa ou pena de prisão até seis meses e inaplicabilidade aos crimes particulares), afastou, certamente, a possibilidade de julgamento em processo sumaríssimo da esmagadora pequena criminalidade (pequenos furtos em estabelecimentos comerciais e pequenos danos), típica dos grandes centros urbanos.

As reformas operadas pela Lei nº 59/98, de 25 de Agosto e pela Lei nº 48/2007, de 29 de Agosto, vieram alargar o âmbito de aplicação desta forma de processo especial.

2. Quando tem lugar

Em caso de crime punível com pena de prisão não superior a cinco anos ou só com pena de multa, o Ministério Público, por iniciativa do arguido ou depois de o ter ouvido e quando entender que ao caso deve ser concretamente aplicada pena ou medida de segurança não privativas da

FORMAS DE PROCESSO: COMUM E ESPECIAIS

liberdade, requer ao tribunal que a aplicação tenha lugar em processo sumaríssimo[54]. Este requerimento, em caso de crime cujo procedimento dependa de acusação particular, depende da concordância do assistente (art. 392º, do CPP).

Pressuposto do processo sumaríssimo é, pois, que o crime seja punível com pena de prisão não superior a cinco anos ou apenas com pena de multa.

Verificado o pressuposto referido, se o Ministério Público entender que, ao caso, deve ser concretamente aplicada pena ou medida de segurança não privativa da liberdade, requer ao tribunal que a aplicação da sanção que propõe tenha lugar em processo sumaríssimo (art. 392º, nº 1).

Se, no entanto, o procedimento criminal depender de acusação particular (crimes particulares), o requerimento do Ministério Público para a aplicação da sanção em processo sumaríssimo, depende da concordância do assistente (art. 392º, nº 2), o que, aliás, bem se compreende, atenta a natureza particular deste tipo de crimes.

O requerimento do Ministério Público é escrito devendo conter as indicações tendentes à identificação do arguido, a descrição dos factos imputados e a menção das disposições legais violadas, a prova existente e, naturalmente, o enunciado sumário das razões pelas quais entende que ao caso não deve ser concretamente aplicada pena de prisão. O requerimento termina com a indicação precisa *das sanções cuja aplicação o Ministério Público concretamente propõe* e *da quantia exacta a atribuir a título de reparação, nos termos do disposto no artigo 82º-A, quando este deva ser aplicado* (art. 394º, nº 2).

O requerimento do Ministério Público corresponde, pois, a uma verdadeira acusação.

Germano Marques da Silva entende que, tratando-se de crime particular deve considerar-se que a concordância do assistente com o requerimento do Ministério Público equivale à acusação particular[55].

Salvo o devido respeito, discordamos deste entendimento. Com efeito, nos crimes particulares, não é só o impulso processual que depende da

---

[54] Com a alteração introduzida pela Lei nº 48/2007, de 29 de Agosto, elevou-se para cinco anos (em vez dos três) da pena de prisão e ainda a possibilidade de o Ministério Público requerer que o processo sumaríssimo tenha lugar por iniciativa do arguido.

[55] *Curso de Processo Penal, cit.*, vol. III, p. 27.

iniciativa dos particulares, mas também a própria apresentação do facto a juízo. Por outras palavras: nos crimes particulares para que o procedimento criminal tenha lugar é necessário que o ofendido se queixe, se constitua assistente, e deduza acusação particular (art. 50º, nº 1, do CPP). Neste tipo de crimes o Ministério Público pode até, nem sequer acusar, como resulta do nº 3 do art. 285º, bastando, para o efeito, entender que os indícios não são suficientes e que a acusação do assistente é manifestamente infundada. Se, no entanto, decidir fazê-lo deverá, nos cinco dias posteriores à apresentação, pelo assistente, da acusação particular, acusar, mas apenas, pelos mesmos factos, por parte deles ou por outros que não importem uma alteração substancial daqueles, podendo ainda aderir à acusação do assistente na sua totalidade (art. 285º, nº 3).

Nos crimes particulares é a acusação do Ministério Público que está totalmente subordinada à do assistente[56], e não o contrário. Neste tipo de crimes, sem acusação do assistente não há julgamento (quer em qualquer das formas de processo especial, quer na forma comum), não restando ao Ministério Público outro caminho que não seja o arquivamento dos autos[57]. Entender o contrário é contrariar o espírito e a própria letra da lei.

Uma coisa é a concordância do assistente com o requerimento do Ministério Público ao tribunal para que a aplicação da sanção tenha lugar em processo sumaríssimo, outra, substancialmente distinta, é a própria acusação do assistente, sem a qual, nos crimes particulares, não há lugar à aplicação de qualquer sanção.

3. Rejeição do requerimento

Recebido o requerimento o juiz verifica da existência dos pressupostos para o julgamento em processo sumaríssimo e da justificação das sanções (não privativas da liberdade), cuja aplicação o Ministério Público concretamente propõe, podendo rejeitar, por **despacho irrecorrível** (art. 395º, nº 4, do CPP), o requerimento, reenviando o processo para outra forma que lhe caiba, nos seguintes casos (art. 395º, nº 1, do CPP):

---

[56] Ao contrário do que sucede nos crimes públicos e semi-públicos, como resulta do disposto no art. 284º, do CPP.

[57] Por razões de política criminal decidiu o legislador subtrair os crimes particulares, ao princípio da oficialidade e em certa medida ao da obrigatoriedade.

FORMAS DE PROCESSO: COMUM E ESPECIAIS

a) quando for legalmente inadmissível o procedimento; b) quando o requerimento for manifestamente infundado, nos termos do disposto no nº 3 do artigo 311º (por não conter a identificação do arguido ou a narração dos factos; por não indicar as disposições legais aplicáveis ou as provas que a fundamentam, ou porque os factos não constituem crime); c) quando entender que a sanção proposta pelo Ministério Público é manifestamente insusceptível de realizar de forma adequada e suficiente as finalidades da punição.

No que se refere à alínea *c*), se o juiz **apenas discordar** da sanção proposta, pode, em alternativa ao reenvio do processo para outra forma, fixar sanção diferente, na sua espécie ou medida, da proposta pelo Ministério Público, desde que obtenha a concordância deste e do arguido (art. 395º, nº 2).

São vários os motivos que poderão levar o juiz a discordar da sanção proposta pelo Ministério Público: diferente qualificação jurídica dos factos constantes no processo, divergente interpretação dos factos quanto à forma de cometimento do crime (dolosa/negligente), etc.

Se, no entanto, o juiz entender que, ainda assim, no caso concreto, são suficientes sanções não privativas da liberdade (art. 392º, nº 1), pode, em alternativa ao reenvio do processo para outra forma, fixar sanções diferentes, na sua espécie ou medida, das propostas pelo Ministério Público, desde que com a concordância deste e do arguido. Se, pelo contrário, entender que, no caso devem ser aplicadas sanções privativas da liberdade, rejeita o requerimento e reenvia o processo para a forma processual que lhe caiba[58].

Se o juiz reenviar o processo para outra forma processual, o requerimento do Ministério Público equivale, em todos os casos, à acusação (art. 395º, nº 3).

4. Notificação e oposição do arguido

Se o juiz não rejeitar o requerimento do Ministério Público nomeia defensor ao arguido que não tenha advogado constituído ou defensor nomeado, e ordena a sua notificação do requerimento para, querendo,

---

[58] Cfr. Germano Marques da Silva, *Curso de Processo Penal, cit.,* vol. III, p. 28 e António Henriques Gaspar, «Processos Especiais», *Jornadas de Direito Processual Penal/O Novo Código de Processo Penal,* Centro de Estudos Judiciários, Almedina Coimbra, 1991, p. 375.

se opor no prazo de quinze dias. Este requerimento é igualmente notificado ao defensor (art. 396º, números 1 e 3).

A notificação é feita por contacto pessoal (art. 113º, nº 1, al. *a*)), e deve conter obrigatoriamente: a informação do direito de o arguido se opor à sanção e da forma de o fazer (a oposição pode ser deduzida por simples declaração, nº 4, do art. 396º); a indicação do prazo para a oposição e do seu termo final e o esclarecimento dos efeitos da oposição e da não oposição (números 2 e 4 do mesmo preceito legal).

5. Decisão

Quando o arguido se não opuser ao requerimento, o juiz, por despacho, procede à aplicação da sanção, e à condenação no pagamento de taxa de justiça (art. 397º, nº 1). Este despacho de aplicação da sanção vale como sentença condenatória e ***transita imediatamente em julgado*** (nº 2, do mesmo preceito legal), consignando, assim, a impossibilidade de interposição de recurso das decisões proferidas em processo sumaríssimo.

O despacho que aplique pena diferente da proposta ou fixada nos termos do disposto nos artigos 394º, nº 2 e 395º, nº 2, é ***nulo*** (art. 397º, nº 3).

Se o arguido deduzir oposição, o juiz ordena o reenvio do processo para outra forma que lhe caiba, equivalendo à acusação, em todos os casos, o requerimento do Ministério Público, formulado nos termos do art. 394º, notificando o arguido da acusação, bem como para requerer a abertura da instrução, no caso de o processo seguir a forma comum (art. 398º).

6. Processo sumaríssimo: uma ideia ressocializadora e de consenso

Face ao seu regime jurídico, vertido nos artigos 392º a 398º, do CPP, não será difícil concluir que as ideias inspiradoras do processo sumaríssimo, enquanto meio de reacção formal à pequena criminalidade, são, essencialmente, para além, naturalmente, da economia e celeridade processuais, as de *ressocialização* e *consenso*. No que à ressocialização respeita, saliente-se a *informalidade*, visando subtrair o arguido à experiência de um julgamento formal e solene «reconhecidamente uma das mais decisivas no processo de manipulação e adulteração da identidade e da imagem e da distanciação social»[59]. Do regime jurídico do processo suma-

---

[59] Manuel da Costa Andrade, «Consenso e Oportunidade» *Jornadas de Direito Processual Penal/O Novo Código de Processo Penal ..., cit.*, p. 356.

FORMAS DE PROCESSO: COMUM E ESPECIAIS

ríssimo resulta, também, patente, a orientação para a maximização do *consenso*, na medida em que, para a aplicação da sanção nesta forma de processo especial, exigiu o legislador a concordância do Ministério Público, do Juiz, do arguido e, tratando-se de crimes particulares, também do assistente.

Acrescente-se que, à semelhança do processo sumário, também no processo sumaríssimo não há lugar à instrução (art. 286º, nº 3, do CPP).

Refira-se, finalmente, que, no processo sumaríssimo não é permitida a intervenção de partes civis, sem prejuízo de, até ao momento da apresentação do requerimento do Ministério Público a que se refere o nº 1 do art. 392º (para que a aplicação da pena ou medida de segurança não privativas da liberdade tenha lugar em processo sumaríssimo), poder o lesado manifestar a intenção de obter a reparação dos danos sofridos, caso em que aquele requerimento deverá conter a indicação a que alude a alínea *b*) do nº 2 do artigo 394º, ou seja, a quantia exacta a atribuir a título de reparação, nos termos do disposto no artigo 82º-A, quando este deva ser aplicado (art. 393º).

Parte III

Das Medidas de Coacção e de Garantia Patrimonial

Capítulo I
Das Medidas de Coacção

Secção I
Considerações Gerais

1. Conceito de medidas de coacção

As medidas de coacção são meios processuais penais limitadores da liberdade pessoal, de natureza meramente cautelar, aplicáveis a arguidos sobre os quais recaiam fortes indícios da prática de um crime.

As medidas de coacção não devem confundir-se com as penas. Enquanto aquelas, à excepção do termo de identidade e residência, são aplicadas por despacho do juiz, durante o inquérito a requerimento do Ministério Público e depois do inquérito mesmo oficiosamente, ouvido o Ministério Público (art. 194º, nº 1, do CPP), visando assegurar finalidades de *natureza meramente cautela*r num concreto processo penal em curso, estas são aplicadas por um tribunal, em julgamento solene, por via de regra público, através de sentença condenatória, proferida no âmbito de um determinado processo crime, visando a protecção de bens jurídicos fundamentais e a reintegração do agente na sociedade (art. 40º, nº 1 do CP).

2. Finalidades das medidas de coacção

As finalidades das medidas de coacção constam no art. 204º, do CPP, que dispõe: Nenhuma medida de coacção à excepção da prevista no artigo 196º, (Termo de identidade e residência) pode ser aplicada se em concreto se não verificar, no momento da aplicação da medida: *a) fuga ou perigo de fuga; b) Perigo de perturbação do decurso do inquérito ou da instrução do processo e, nomeadamente, perigo para a aquisição, conservação ou veracidade da prova; ou c) Perigo, em razão da natureza e das circunstâncias do crime ou da personalidade do arguido, de que este continue a actividade criminosa ou perturbe gravemente a ordem e a tranquilidade públicas.*

3. Condições gerais de aplicação das medidas de coacção

As condições gerais de aplicação das medidas de coacção estão previstas no art. 192º, que deve, no entanto, ser conjugado com o art. 204º (e 227º, para as medidas de garantia patrimonial), do mesmo diploma legal.

A condição essencial para a aplicação de uma medida de coacção é a **prévia** constituição como *arguido* da pessoa que delas for objecto (arts. 192º, nº 1 e 58º, nº 1, al. *b*), do mesmo diploma legal)[60].

A constituição de arguido opera-se através da comunicação, oral ou por escrito, feita ao visado por uma autoridade judiciária ou um órgão de polícia criminal, de que a partir desse momento aquele deve considerar-se arguido num processo penal e da indicação e, se necessário, explicação dos direitos e deveres processuais referidos no art. 61º, devendo ser entregue, sempre que possível no próprio acto, documento no qual conste a identificação do processo, bem como do defensor, se este tiver sido nomeado, e os direitos e deveres processuais referidos no art. 61º (art. 58º, números 2 e 4)[61].

A constituição de arguido feita por órgão de polícia criminal é comunicada à autoridade judiciária no prazo de 10 dias a fim de ser por esta apreciada, em ordem à sua validação, no mesmo prazo de 10 dias. A não validação da constituição de arguido não prejudica as provas anteriormente obtidas, mas apenas, as obtidas em momento posterior (art. 58º, nºs 3 e 6)[62].

---

[60] *Código de Processo Penal*, «Artigo 192º *(Condições gerais de aplicação)* 1 – A aplicação de medidas de coacção e de garantia patrimonial depende da prévia constituição como arguido, nos termos do artigo 58º, da pessoa que delas for objecto».

[61] A omissão ou violação destas formalidades implica que as declarações prestadas pela pessoa visada não podem ser utilizadas como prova (art. 58º, nº 5).

[62] A obrigação de comunicação à autoridade judiciária da constituição de arguido efectuada por órgão de polícia criminal, foi imposta pela revisão operada pela Lei nº 48/2007, de 29 de Agosto.

A constituição de arguido tem por finalidade assegurar ao visado, a quem foi aplicada uma medida de coacção, o exercício de direitos (e deveres) processuais que por essa razão passam a caber-lhe (arts. 60º e seguintes).

Antes da revisão introduzida pela Lei nº 48/2007, de 29 de Agosto, a constituição de arguido, não pressupunha necessariamente a existência de indícios de culpabilidade. Bastava, apenas, que corresse inquérito contra pessoa determinada e esta prestasse declarações perante qualquer autoridade judiciária ou órgão de polícia criminal (art. 58, nº 1, al. *a*), CPP). Com a referida revisão passou exigir-se que corra inquérito contra pessoa determinada em relação à qual *haja suspeita fundada da prática de crime.*

Antes da referida revisão a pessoa contra a qual corresse inquérito, devia ser sujeita a termo de identidade e residência a partir do momento em que prestasse declarações perante qualquer autoridade judiciária ou órgão de polícia criminal, caso o processo devesse prosseguir, independentemente da existência ou não no processo de indícios da sua culpabilidade, uma vez que era obrigatória a sua constituição como arguido, da qual depende a aplicação de tal medida (art. 196º). Agora não é assim. Com efeito, pode bem acontecer que a pessoa contra a qual corra inquérito preste declarações no âmbito do mesmo e, no entanto, não seja constituída arguido, por inexistência de *suspeita fundada da prática de crime*, não lhe podendo ser aplicada a medida de coacção de termo de identidade e residência (ou qualquer outra).

Esta solução legal pode causar dificuldades não de pouca monta, desde logo, como refere Germano Marques da Silva[63], a de saber em que qualidade presta declarações a pessoa contra quem corre inquérito, antes de ser constituída arguido. Tem direito ao silêncio? Comete o crime de falsidade de testemunho se cometer falsidade?

A aplicação de uma medida de coacção sem a prévia constituição de arguido da pessoa que dela é objecto determina a sua **inexistência jurídica**, por falta de um pressuposto legal, assistindo ainda ao visado o **direito de resistência**, nos termos do art. 21º, da CRP: *Todos têm o direito de resistir a qualquer ordem que ofenda os seus direitos, liberdades e garantias e de repelir pela força qualquer agressão, quando não seja possível recorrer à autoridade pública.*

---

[63] *Curso de Processo Penal*, vol. II, 4ª Edição, Editorial Verbo, 2008, p. 292.

O nº 2, do mesmo art. 192º, estabelece ainda como condição geral para aplicação de uma medida de coacção, a *inexistência de causas de isenção da responsabilidade ou de extinção do procedimento criminal*, existam ou não indícios da prática de crime.

A expressão *causas de isenção de responsabilidade* é usada, no referido art. 192º, nº 2, num sentido amplo, abrangendo todos os casos de afastamento da responsabilidade penal[64]. São *causas da isenção da responsabilidade* as denominadas causas justificativas do facto, ou causas de justificação ou de exclusão da ilicitude ou da culpa, como *verbi gratia*, a legítima defesa (arts. 31º e 32º do Código Penal)[65]; o direito de necessidade justificante (art. 34º, do mesmo diploma legal)[66]; o estado de necessidade desculpante (art. 35º do CP)[67]; o conflito de deveres (art. 36º do CP)[68]; a

---

[64] Neste sentido, Germano Marques da Silva, *ob. cit.*, vol. II, 4ª Edição, pp. 293-294 e José António Barreiros, *As Medidas de Coacção e de Garantia Patrimonial No Novo Código de Processo Penal*, Lisboa, 1987, p. 12.

[65] *Código Penal*, «Artigo 31º *(Exclusão da ilicitude)* 1 – O facto não é punível quando a sua ilicitude for excluída pela ordem jurídica considerada na sua totalidade. 2 – Nomeadamente não é ilícito o facto praticado: *a)* Em legítima defesa; *b)* No exercício de um direito; *c)* No cumprimento de um dever imposto por lei ou por ordem legítima da autoridade; ou *d)* Com o consentimento do titular do interesse jurídico lesado».
Código Penal, «Artigo 32º *(legítima defesa)* Constitui legítima defesa o facto praticado como meio necessário para repelir a agressão actual e ilícita de interesses juridicamente protegidos do agente ou de terceiro».

[66] *Código Penal*, «Artigo 34º *(Direito de necessidade)* Não é ilícito o facto praticado como meio adequado para afastar um perigo actual que ameace interesses juridicamente protegidos do agente ou de terceiro, quando se verificarem os seguintes requisitos: *a)* Não ter sido voluntariamente criada pelo agente a situação de perigo, salvo tratando-se de proteger o interesse de terceiro; *b)* Haver sensível superioridade do interesse a salvaguardar relativamente ao interesse sacrificado; e *c)* Ser razoável impor ao lesado o sacrifício do seu interesse em atenção à natureza ou ao valor do interesse ameaçado».

[67] *Código Penal*, «Artigo 35º *(Estado de necessidade desculpante)* 1 – Age sem culpa quem praticar um facto ilícito adequado a afastar um perigo actual e não removível de outro modo, que ameace a vida, a integridade física, a honra ou a liberdade do agente ou de terceiro, quando não for razoável exigir-lhe, segundo as circunstâncias do caso, comportamento diferente. 2 – Se o perigo ameaçar interesses jurídicos diferentes dos referidos no número anterior, e se verificarem os restantes pressupostos ali mencionados, pode a pena ser especialmente atenuada ou, excepcionalmente, o agente ser dispensado de pena».

[68] *Código Penal*, «Artigo 36º *(Conflito de deveres)* 1 – Não é ilícito o facto de quem, em caso de conflito no cumprimento de deveres jurídicos ou de ordens legítimas da autoridade, satisfizer dever ou ordem de valor igual ou superior ao do dever ou ordem que sacrificar. 2 – O dever de obediência hierárquica cessa quando conduzir à prática de um crime».

obediência indevida desculpante (art. 37º, do CP)[69]; o consentimento do ofendido (art. 38º, do CP)[70], etc.. São *causas de extinção do procedimento criminal*, o decurso do prazo, contado desde a data do cometimento do crime (arts. 118º e 119º, do CP)[71].

Também neste caso, a aplicação de uma medida de coacção, sendo **evidente** a *existência de causas de isenção da responsabilidade penal ou de extinção*

---

[69] *Código Penal*, «Artigo 37º *(Obediência indevida desculpante)* Age sem culpa o funcionário que cumpre uma ordem sem conhecer que ela conduz à prática de um crime, não sendo isso evidente no quadro das circunstâncias por ele representadas».

[70] *Código Penal*, «Artigo 38º *(Consentimento)* 1 – Além dos casos especialmente previstos na lei, o consentimento exclui a ilicitude do facto quando se referir a interesses jurídicos livremente disponíveis e o facto não ofender os bons costumes. 2 – O consentimento pode ser expresso por qualquer meio que traduza uma vontade séria, livre e esclarecida do titular do interesse juridicamente protegido, e pode ser livremente revogado até à execução do facto. 3 – O consentimento só é eficaz se for prestado por quem tiver mais de 16 anos e possuir o discernimento necessário para avaliar o seu sentido e alcance no momento em que o presta. 4 – Se o consentimento não for conhecido do agente, este é punível com a pena aplicável à tentativa».

[71] *Código Penal*, «Artigo 118º *(Prazos de prescrição)* 1 – O procedimento criminal extingue-se, por efeito da prescrição, logo que sobre a prática do crime tiverem decorrido os seguintes prazos: *a)* Quinze anos, quando se tratar de crimes puníveis com pena de prisão cujo limite máximo for superior a dez anos; *b)* Dez anos, quando se tratar de crimes puníveis com pena de prisão cujo limite máximo for igual ou superior a cinco anos, mas que não exceda dez anos; *c)* Cinco anos, quando se tratar de crimes puníveis com pena de prisão cujo limite máximo for igual ou superior a um ano, mas inferior a cinco anos; *d)* Dois anos, nos casos restantes. 2 – Para efeito do disposto no número anterior, na determinação do máximo da pena aplicável a cada crime são tomados em conta os elementos que pertençam ao tipo de crime, mas não as circunstâncias agravantes ou atenuantes. 3 – Se o procedimento criminal respeitar a pessoa colectiva ou entidade equiparada, os prazos previstos no nº 1 são determinados tendo em conta a pena de prisão, antes de se proceder à conversão prevista nos nºs 1 e 2 do artigo 90º-B. 4 – Quando a lei estabelecer para qualquer crime, em alternativa, pena de prisão ou de multa, só a primeira é considerada para efeito do disposto neste artigo. 5 – Nos crimes contra a liberdade e autodeterminação sexual de menores, o procedimento criminal não se extingue, por efeito da prescrição, antes de o ofendido perfazer 23 anos».
«Artigo 119º *(Início do prazo)* 1 – O prazo de prescrição do procedimento criminal corre desde o dia em que o facto se tiver consumado. 2 – O prazo de prescrição só corre: *a)* Nos crimes permanentes, desde o dia em que cessar a consumação; *b)* Nos crimes continuados e nos crimes habituais, desde o dia da prática do último acto; *c)* Nos crimes não consumados, desde o dia do último acto de execução. 3 – No caso de cumplicidade atende-se sempre, para efeitos deste artigo, ao facto do autor. 4 – Quando for relevante a verificação de resultado não compreendido no tipo de crime, o prazo de prescrição só corre a partir do dia em que aquele resultado se verificar».

do procedimento criminal, não pode deixar de determinar a sua ***inexistência jurídica***, assistindo ainda ao visado o ***direito de resistência***, embora se reconheça que, a avaliação da existência de tais causas torna-se, por vezes, difícil.

As medidas de coacção, ao contrário das medidas de garantia patrimonial, que podem, também, ser aplicadas aos civilmente responsáveis (arts. 227º, nº 2 e 228º), apenas podem ser aplicadas ao(s) agente(s) da infracção. Assim, a exigência de prévia constituição como arguido imposta pelo art. 192º, nº 1, do CPP, refere-se tão só aquele(s) e não, também, a quem for apenas responsável civil.

4. Pressupostos de aplicação das medidas de coacção

4.1. Indícios da prática de crime

Para a aplicação de uma medida de coacção torna-se necessário a imputação à pessoa que dela for objecto, de *indícios* (ou fortes indícios, nos casos dos arts. 200º, 201º e 202º) da prática de determinado crime, ou seja, como afirma Germano Marques da Silva, não pode ser aplicada uma medida de coacção ou de garantia patrimonial se não se indiciarem os pressupostos de que depende a aplicação ao sujeito de uma pena ou medida de segurança criminais[72].

Relativamente às medidas de coacção de proibição e imposição de condutas, de obrigação de permanência na habitação e prisão preventiva (arts. 200º, 201º e 202º, do CPP), casos em que a lei exige *fortes indícios* da prática de crime, a exigência é, evidentemente, maior. Embora não seja ainda de exigir a comprovação categórica, sem qualquer dúvida razoável é, pelo menos, necessário que, face aos elementos de prova disponíveis, seja possível formar a convicção sobre a maior probabilidade de condenação do que de absolvição[73].

Naturalmente que, não obstante a existência de indícios ou de fortes indícios da prática de crime, *nenhuma medida de coacção ou de garantia patrimonial é aplicada quando houver fundados motivos para crer na existência de causas de isenção da responsabilidade ou de extinção do procedimento criminal* (art. 192º, nº 2).

---

[72] *Ob. cit.*, vol. II, 4ª Edição, p. 293.
[73] Vide Germano Marques da Silva, *ob. cit.*, vol. II, 4ª Edição, p. 294.

Germano Marques da Silva entende, a nosso ver bem, que nenhuma medida pode ser aplicada não só quando a isenção da responsabilidade ou a extinção do procedimento criminal estejam demonstrados no processo, mas também quando haja dúvidas sobre a sua verificação. De facto, refere o autor, é necessária muita cautela para dar satisfação à exigência fundamental de evitar uma inútil e injustificada limitação da liberdade pessoal e se a dúvida sobre a verificação da causa de isenção de responsabilidade ou de extinção do procedimento deve determinar a absolvição, não se justifica que, entretanto, possa ser aplicada uma medida de coacção ao arguido[74].

4.2. Requisitos ou condições gerais constantes no artigo 204º

A aplicação das medidas de cocção, com excepção do termo de identidade e residência, não depende, apenas, da existência de indícios da prática do crime e dos requisitos específicos definidos na lei para cada uma delas. Importa ainda que se verifiquem os requisitos ou condições gerais referidos nas várias alíneas do artigo 204º. Estes requisitos ou condições gerais, enumerados nas alíneas *a)*, *b)* e *c)*, são taxativos, bastando, consequentemente, a existência de algum deles para que a medida possa ser aplicada.

Os requisitos ou condições gerais referidos são, respectivamente, os seguintes: *fuga ou perigo de fuga; perigo de perturbação do decurso do inquérito ou da instrução do processo e, nomeadamente, perigo para a aquisição, conservação ou veracidade da prova; ou perigo, em razão da natureza e das circunstâncias do crime ou da personalidade do arguido, de que este continue a actividade criminosa ou perturbe gravemente a ordem e a tranquilidade públicas.*

4.2.1. Fuga ou perigo de fuga

Nos termos do art. 204º, al. *a)*, a *fuga ou perigo de fuga* justifica a aplicação ao arguido de uma medida de coacção (exceptuando o termo de identidade e residência).

O Código de Processo Penal de 1929, a este propósito, era menos exigente, na medida em que, como pressuposto da aplicação da prisão preventiva, exigia, apenas, o *fundado receio de fuga*[75].

---

[74] *Ob. cit.*, vol. II, 4ª Edição, 2008, pp. 294-295.
[75] *Código de Processo Penal de 1929*, art. 291º, § 2º: «Não são suficientes as medidas de liberdade provisória: *a)* Quando haja fundado receio de fuga».

O art. 204º exige agora uma situação actual de *fuga* em que se encontra o arguido no momento da aplicação da medida de coacção e não uma situação de fuga já passada.

A situação de fuga, face ao disposto nos arts. 192º e 196º, parece só ocorrer no caso de o arguido se encontrar sujeito a termo de identidade e residência, uma vez que, enquanto não estiver sujeito a esta medida mantém plena liberdade de movimentos[76].

Relativamente ao *perigo de fuga* importa ter em consideração que a lei **não presume o perigo de fuga**, exigindo que esse perigo **seja real ou concreto**, o que significa que não basta a mera probabilidade de fuga, deduzida de abstractas e genéricas presunções, *v. g.*, da gravidade do crime, devendo, ao invés, fundamentar-se em elementos de facto que indiciem concretamente aquele perigo, nomeadamente porque revelam a preparação para a fuga[77].

Constituem elementos de facto indiciadores do *perigo de fuga*, por exemplo, o facto de o arguido ter na sua posse, no momento da detenção, um bilhete válido de avião com passagem para um país estrangeiro, marcada para dali a dois dias; o facto de o arguido ser nacional de um outro país e, no momento da detenção, ser aguardado por um seu compatriota que tem na sua posse uma viatura com condições de fazer a viagem, e que se sabe não ter residência fixa em Portugal; ou ainda o facto de o arguido, no momento da detenção, encontrar-se, esporadicamente, de férias em Portugal, sem residência fixa, sabendo-se, no entanto, que reside num país estrangeiro com os seus familiares.

4.2.2. *Perigo de perturbação do decurso do inquérito ou da instrução do processo e, nomeadamente, perigo para a aquisição, conservação ou veracidade da prova*

O *perigo de perturbação do decurso do inquérito ou da instrução do processo*, previsto na alínea *b*), do art. 204º, é outro dos requisitos gerais que torna admissível a aplicação ao arguido de uma medida de coacção.

Importa salientar, desde já, que, a lei ao consagrar o *perigo de perturbação do decurso (...) da instrução do processo*, como justificativo da aplicação ao arguido de uma medida de coacção, não pretende referir-se apenas à ins-

---

[76] Neste sentido, Germano Marques da Silva, *ob. cit.*, vol. II, 4ª Edição, p. 297.

[77] Germano Marques da Silva, *ob. cit.*, vol. II, 4ª Edição, p. 297.

DAS MEDIDAS DE COACÇÃO

trução enquanto fase processual (prevista nos arts. 286º e seguintes), mas sim a toda a actividade instrutória de produção e recolha dos elementos de prova, independentemente da fase processual em que a mesma ocorra: inquérito, instrução ou julgamento. A expressão deve, pois, ser entendida em sentido amplo, de modo a abranger toda a actividade processual de produção e recolha de provas.

É indubitável que, permanecendo o arguido em liberdade, bem pode este prejudicar a aquisição, conservação ou veracidade da prova, perturbando, assim, o decurso do inquérito ou da instrução do processo. Na verdade, nada impede que ele possa, *v. g.*, combinar com outros arguidos uma determinada versão para os factos, criar novos factos ou falsos álibis, atemorizar ou subornar as testemunhas, fazer desaparecer documentos probatórios ou produzir documentos falsos.

À semelhança do que se referiu a propósito do perigo de fuga, também neste caso, a lei **não presume** o perigo de perturbação do decurso do inquérito ou da instrução do processo, o que significa que não basta a mera probabilidade de perturbação do inquérito ou da instrução. É, pois, necessário que, **em concreto**, se demonstre tal perigo, através de factos objectivos ou circunstâncias concretas que o indiciem e ainda que o recurso a outros meios é **insuficiente** para evitar tal perturbação.

Como refere Germano Marques da Silva, os abundantes meios de que dispõem hoje as autoridades judiciárias e os órgãos de polícia criminal para investigar os crimes e sobretudo a sua utilização diligente e inteligente são em geral bastantes para obstar a que o arguido possa por si perturbar o decurso do inquérito ou da instrução do processo. A falta de diligência das autoridades e órgãos de polícia criminal ou a sua comodidade não serão, por si mesmas, nunca causa de justificação da necessidade de aplicação de uma medida de coacção[78].

Importa ter presente que, a aplicação de uma medida de coacção com o fundamento do «*perigo para a aquisição, conservação ou veracidade da prova*» (al. *b*), do referido art. 204º), jamais poderá prejudicar o direito de defesa do arguido, no que se refere à legítima actividade investigatória que lhe interessa desenvolver com vista à recolha de elementos probatórios da sua inocência ou do afastamento ou atenuação da sua responsabilidade penal. Efectivamente, nos termos do art. 61º, nº 1, al. *g*), do CPP,

[78] *Ob. cit.*, vol. II, 4ª Edição, p. 299.

o arguido goza, em especial, em qualquer fase do processo, do direito de *intervir no inquérito e na instrução, oferecendo provas e requerendo as diligências que se lhe afigurem necessárias* para sua defesa.

Por outro lado, em caso algum a medida de coacção pode ser aplicada, com fundamento no perigo de perturbação do decurso do inquérito ou da instrução do processo, nem, aliás, com qualquer outro fundamento, com o fim de coagir ou estimular o arguido a colaborar activamente na investigação ou na instrução do processo, nomeadamente facultando provas incriminadoras. Não recai nunca sobre o arguido o dever de colaborar com as autoridades na descoberta da verdade[79].

Efectivamente, o silêncio é um direito do arguido, consagrado nos artigos 61º, nº 1, al. *d*), 141º, nº 5, 343º, nº 1 e 345º, nº 1, do CPP. Aliás, em bom rigor, assiste ao arguido um duplo direito: o **silêncio** e **não dizer a verdade**, cujo exercício nunca o pode desfavorecer (arts. 343º, nº 1 e 345º, nº 1), ou, nas palavras de Marques Ferreira, não poderá ser valorado como indício ou presunção de culpa nem tão pouco como circunstância relevante para a determinação da pena caso o crime se prove[80].

4.2.3. *Perigo, em razão da natureza e das circunstâncias do crime ou da personalidade do arguido, de que este continue a actividade criminosa ou perturbe gravemente a ordem e a tranquilidade públicas*

O perigo de grave perturbação da ordem e da tranquilidade públicas ou de continuação da actividade criminosa há-de resultar: ou da *natureza e circunstâncias do crime imputado ao arguido* ou da *sua personalidade*.

Apenas da **natureza e circunstâncias do crime** imputado ao arguido ou então da **sua personalidade** há-de resultar o perigo de perturbação da ordem e da tranquilidade públicas ou de continuação da actividade criminosa, elemento justificador da aplicação de uma medida de coacção, *maxime* a prisão preventiva.

Assim, se o crime imputado ao arguido causou revolta no meio social da povoação ou freguesia onde a vítima vivia, em termos de ser previsível estados de medo ou algum movimento de vingança, se o arguido frequentar meios próximos da vítima ou seus familiares, será razoável admitir como adequada uma medida de proibição de residência do arguido

---

[79] Germano Marques da Silva, *ob. cit.*, 4ª Edição, pp. 299-300.
[80] In *Jornadas de Direito Processual Penal/O Novo Código de Processo Penal ..., cit.*, p. 247.

nesse meio, ou a proibição de frequentar ou contactar com determinadas pessoas a que se refere a alínea (art. 200º, nº 1, als. *a*) e *d*)). Se, for pessoa habitualmente dada a embriaguês ou padeça de qualquer dependência que haja favorecido a prática do crime, pode justificar-se a aplicação de medida de coacção, nomeadamente a sujeição a tratamento em instituição adequada (art. 200º, nº 1, al. *f*))[81].

Se, atentas as circunstâncias do crime e a personalidade do arguido, for de presumir a continuação da actividade criminosa, pode justificar-se a obrigação de permanência na habitação ou a prisão preventiva (arts. 201º e 202º).

Importa ainda referir que, a aplicação de uma medida de coacção não pode servir para acautelar a prática de qualquer crime pelo arguido, mas tão-só a continuação da actividade criminosa pela qual o arguido está indiciado. A não ser assim, estar-se-ia a aplicar ao arguido não uma medida de cocção de natureza *meramente cautelar*, num concreto processo penal em curso, mas sim uma medida de segurança, que nem a lei substantiva permite a sua aplicação a qualquer pessoa com o fim de prevenir a sua eventual actividade criminosa[82].

5. Princípios subjacentes à aplicação das medidas de coacção

5.1. Princípio da legalidade ou da tipicidade

Estabelece o art. 191º, do CPP, que *a liberdade das pessoas só pode ser limitada, total ou parcialmente, em função de exigências processuais de natureza cautelar, pelas medidas de coacção e de garantia patrimonial previstas na lei*, e que, *para efeitos do disposto no presente Livro* (Livro IV das medidas de coacção e de garantia patrimonial) *não se considera medida de coacção a obrigação de identificação perante a autoridade competente, nos termos e com os efeitos previstos no artigo 250º*.

Consagra, pois, o referido artigo, o *princípio da legalidade ou da tipicidade* das medidas de coacção e de garantia patrimonial, significando que as

---

[81] Germano Marques da Silva, *ob. cit.*, vol. II, 4ª Edição, p. 301.

[82] Neste sentido, Germano Marques da Silva, *ob. cit.*, vol. II, 4ª Edição, p. 301. A continuação da actividade criminosa, ainda segundo o ilustre Professor, não significa a continuação da execução do mesmo crime, mas a prática de crimes análogos ou da mesma natureza daqueles pelos quais está a ser processado (*loc. cit.*, nota 1).

DAS MEDIDAS DE COACÇÃO E DE GARANTIA PATRIMONIAL

medidas de coacção e de garantia patrimonial são apenas aquelas que constam no Código de Processo Penal[83], não podendo pois, haver outras que limitem, total ou parcialmente, a liberdade dos cidadãos.

5.2. Princípio da adequação e da proporcionalidade

De acordo com o disposto no art. 193º, nº 1, do CPP, *as medidas de coacção e de garantia patrimonial a aplicar em concreto devem ser necessárias e adequadas às exigências cautelares que o caso requer e proporcionais à gravidade do crime e às sanções que previsivelmente venham a ser aplicadas.*

Para dar satisfação às exigências dos princípios da adequação e da proporcionalidade, colocou o Código de Processo Penal à disposição do julgador diversas medidas de coacção, desde o termo de identidade e residência até à prisão preventiva, graduando-as em função da sua crescente gravidade, devendo o mesmo, quando o considerar necessário, aplicar ao arguido aquela que julgue mais idónea para salvaguardar *as exigências cautelares que o caso requer*, e proporcional *à gravidade do crime e às sanções que previsivelmente venham a ser aplicadas* (art. 193º, nº 1).

O *princípio da adequação* significa, pois, que a medida a aplicar ao arguido num concreto processo penal deve ser o estritamente necessária ou idónea para satisfazer as necessidades ou exigências cautelares que o caso requer, devendo, por isso, ser escolhida em função de tal finalidade e não de qualquer outra.

Uma medida de coacção é idónea ou adequada se, com a sua aplicação, se realiza ou facilita a realização do fim pretendido e não o é se o dificulta ou não tem absolutamente nenhuma eficácia para a realização das exigências cautelares[84].

A adequação da medida há-de ser quer qualitativa quer quantitativamente. As medidas de coacção são qualitativamente adequadas para alcançar os fins previstos no caso concreto se forem idóneas ou aptas, pela sua própria natureza, para realizar o fim pretendido no caso concreto. As medidas de coacção hão-de ser, também, quantitativamente

---

[83] Ou que se encontrem tipificadas noutra lei de valor formal igual ou semelhante. Por exemplo, a medida de coacção de **afastamento da residência** (que pode sempre ser cumulada com a obrigação de prestar caução, art. 205º, do CPP), constante no art. 16º da Lei nº 61/91, de 13 de Agosto (*Garante protecção adequada às mulheres vítimas de violência*), aplicável ao arguido que resida em *economia comum* com a vítima.

[84] Neste sentido, Germano Marques da Silva, *ob. cit.*, vol. II, 4ª Edição, p. 303.

DAS MEDIDAS DE COACÇÃO

adequadas, isto é, a sua duração ou intensidade hão-de ser exigidas pela própria finalidade que se pretende alcançar no processo penal em curso[85].

O *princípio da proporcionalidade* impõe que a medida de coacção a aplicar ao arguido deve ser proporcionada *à gravidade do crime* ou crimes indiciados no concreto processo penal, *e às sanções que previsivelmente venham a ser aplicadas* (art. 193º, nº 1). Assim, não pode ser aplicada qualquer medida de coacção que não seja proporcionada à gravidade do crime e às sanções que previsivelmente venham ser aplicadas ao arguido, ainda que a mesma se revele justificada face às exigências cautelares de um concreto processo penal em curso.

O princípio da proporcionalidade, encontra aplicação concreta não apenas no art. 193º, nº 1, mas também noutras normas do Código de Processo Penal, referentes às medidas de coacção. Por exemplo, no art. 192º, nº 2, *ao estabelecer que nenhuma medida de coacção ou de garantia patrimonial é aplicada quando houver fundados motivos para crer na existência de causas de isenção da responsabilidade ou de extinção do procedimento criminal*, o que se compreende. Se as medidas de coacção foram graduadas pelo legislador em função da gravidade do crime e da pena aplicável, então, havendo fundados motivos para crer que nenhuma pena será aplicada não deve também ser aplicada, por maioria de razão, nenhuma medida de coacção.

A ponderação da gravidade do facto deve ser medida pelo modo de execução, importância dos bens jurídicos violados, a culpabilidade do agente, enfim, deverá atender-se a todas as circunstâncias que em geral devem ser consideradas para a determinação da pena.

A determinação da pena aplicável para julgar da admissibilidade da medida é feita em abstracto, atendendo-se ao máximo da pena correspondente ao crime mas, ainda que admissível uma determinada medida, e ainda que adequada também às exigências cautelares do caso, importa ponderar a gravidade do facto e correspondente gravidade da pena previsivelmente a aplicar em concreto para definir se a gravidade da medida é proporcionada à gravidade do crime imputado.

É que, sucede muitas vezes, que a pena a aplicar no caso (pena concreta) seja sensivelmente inferior à que em abstracto é cominada para o

---

[85] *Idem, ibidem.*

DAS MEDIDAS DE COACÇÃO E DE GARANTIA PATRIMONIAL

tipo de crime. Com efeito, podem, nomeadamente, existir circunstâncias que permitam atenuação extraordinária, em termos tais que não seja de prever que o arguido venha a sofrer, por exemplo, uma pena de prisão efectiva, caso em que será desproporcionada a aplicação da medida de prisão preventiva ou a de obrigação de permanência na habitação[86].

5.3. Princípio da precariedade
O recurso aos meios de coacção previstos no CPP deve respeitar ainda o princípio da *precariedade*, segundo o qual as medidas de coacção, porque impostas a arguido presumido inocente, não devem ultrapassar a barreira do *comunitariamente suportável*. Esta imposição, ganha particular expressão quando essas medidas se protelam no tempo para além do que é razoável (cfr. arts. 215.º e 218º, do CPP)[87].

Tal como este, também os restantes princípios nada mais são do que uma emanação do princípio constitucional da *presunção de inocência do arguido* (art. 32º, nº 2 da CRP), que impõe que qualquer limitação à liberdade do arguido, anterior à condenação com trânsito em julgado, deva não só ser socialmente necessária mas também suportável[88].

5.4. Princípio da necessidade
A revisão introduzida pela Lei nº 48/2007, de 29 de Agosto, veio consagrar, expressamente, o princípio da necessidade no nº 1 do art. 193º.

Embora esta clareza mereça o nosso aplauso, entendemos que o nº 2, do art. 192º, ao impor que nenhuma medida de coacção ou de garantia patrimonial é aplicada quando houver fundados motivos para crer na existência de causas de isenção da responsabilidade ou de extinção do procedimento criminal, para além de acentuar a natureza cautelar das medidas de coacção, enuncia, implicitamente, o princípio da necessidade a que deve respeitar a aplicação das mesmas medidas.

---

[86] Neste sentido, Germano Marques da Silva, *ob. cit.*, vol II, 4ª Edição, pp. 304-305.
[87] Figueiredo Dias, *apud* Odete Maria de Oliveira, *Jornadas de Direito Processual Penal/O Novo Código de Processo Penal ..., cit.*, p. 188.
[88] João Castro e Sousa, *Jornadas de Direito Processual Penal ..., cit.*, p. 150.

5.5. O Princípio da subsidiariedade da prisão preventiva e da obrigação de permanência na habitação

A natureza excepcional e subsidiária da prisão preventiva está, desde logo, consagrada no art. 28º, nº 2, da CRP[89].

Com a revisão operada pela Lei nº 48/2007, de 29 de Agosto, também a obrigação de permanência na habitação assume natureza subsidiária[90], como impõe o nº 2 do art. 193: *a prisão preventiva e a obrigação de permanência na habitação só podem ser aplicadas quando se revelarem inadequadas ou insuficientes as outras medidas de coacção.*

Como resulta dos preceitos constitucional e legal referidos, a prisão preventiva e a obrigação de permanência na habitação, ainda que adequadas e proporcionadas à gravidade do crime indiciado, *só podem* ser aplicadas quando as restantes medidas de coacção se revelarem insuficientes ou inadequadas ao caso concreto. Assim, se *v. g.*, outras medidas de coacção se revelarem de igual forma suficientes e adequadas face às exigências cautelares de um concreto processo penal em curso, não deverão ser escolhidas quer a prisão preventiva, quer a obrigação de permanência na habitação, em obediência ao princípio da *subsidiariedade* de ambas.

Se ao caso concreto for aplicável quer a prisão preventiva quer a obrigação de permanência na habitação, impõe o nº 3 do art. 193º, que deve *ser dada preferência à obrigação de permanência na habitação sempre que ela se revele suficiente para satisfazer as exigências cautelares,* o que se comprende, face à sua natureza menos gravosa que a prisão preventiva.

Efectivamente, não pode nunca perder-se de vista o princípio constitucional da presunção de inocência[91] que impõe que as medidas de coac-

---

[89] *Constituição da República Portuguesa*, art. 28º, nº 2: «A prisão preventiva tem natureza excepcional, não sendo decretada nem mantida sempre que possa ser aplicada caução ou outra medida mais favorável prevista na lei».

[90] A consagração legal da natureza subsidiária da obrigação de permanência na habitação merece, inteiramente, o nosso aplauso, em virtude da sua similitude com a prisão preventiva.

[91] O princípio da *presunção de inocência* do arguido está consagrado no art. 32º, nº 2, da CRP, no art. 11º, nº 1, da Declaração Universal dos Direitos do Homem de 10 de Dezembro de 1948, no art. 6º, nº 2, da Convenção Europeia dos Direitos do Homem, entre outros instrumentos jurídicos de direito internacional, cujas normas são directamente aplicáveis e vinculam as entidades públicas e privadas (art. 18º, nº 1, da Constituição da República Portuguesa).

DAS MEDIDAS DE COACÇÃO E DE GARANTIA PATRIMONIAL

ção e de garantia patrimonial sejam, na maior medida possível, compatíveis com o estatuto processual de inocência inerente à fase em que se encontram os arguidos a quem são aplicadas e por isso que, ainda que

O conteúdo do princípio da presunção de inocência do arguido está no seu âmago ligado à liberdade individual do indivíduo, no sentido de proibir quaisquer medidas cautelares como antecipação de pena com base na consideração de culpado. Sendo uma trave orientadora do processo penal, a presunção de inocência prescreve a honestidade do indivíduo. Consequentemente, as medidas de coacção devem considerar este princípio como critério de orientação e limite, de forma que, quando aplicadas, devam fundar-se numa avaliação ou apreciação das situações de facto autónomas de juízos de culpabilidade que permitam uma adequação entre as medidas restritivas da liberdade ao caso concreto, mesmo no caso da prisão preventiva, cuja regulamentação obedece hoje, mais do que nunca, ao princípio da presunção de inocência, como resulta dos artigos 202º e 204º, do CPP.

O princípio da presunção de inocência está, também, e acima de tudo, conexado com o princípio da dignidade da pessoa humana que tem como base o direito de todas as garantias de defesa, incluindo o recurso (e naturalmente a presunção de inocência, e não da culpa) (art. 32º, nº 1, da CRP), reconhecido a todo e qualquer cidadão, arguido num processo penal.

Uma das consequências do princípio da presunção de inocência é a inadmissibilidade da presunção de culpa do arguido. Ou seja, o arguido num processo penal tem o direito de ser considerado presumido inocente até que seja declarado culpado em julgamento público e solene, através de sentença transitada.

As presunções de culpabilidade por *intuição*, ou *associação* atentam gravemente contra a liberdade, a imagem, bom nome e reputação de qualquer pessoa sendo, por isso, inadmissíveis.

Como consequência ainda da inadmissibilidade da presunção de culpa, saliente-se a inadmissibilidade da aplicação das medidas de coacção como penas disfarçadas de medidas cautelares.

A *presunção de inocência* significa que ao arguido não assiste qualquer ónus de fazer prova da sua inocência. O que bem se compreende: se se presume o arguido inocente a prova da inocência seria de todo inútil, não fazendo, pois, o menor sentido. A haver algo que careça de prova é o contrário, ou seja, a culpa. A obrigação de fazer a prova da culpa compete, em primeiro lugar, ao Ministério Público, e subsidiariamente ao juiz, por imposição do princípio da investigação.

Porém, pode muito bem acontecer que o arguido tenha interesse em contradizer a acusação contra si aduzida, o que obriga a que a este sejam informadas todas as provas contra si recolhidas, para que prepare de forma eficaz a sua defesa, havendo, assim, necessidade de dar-lhe a conhecer a acusação e a pronúncia (quando tenha sido requerida a instrução e a mesma tenha sido proferida).

O direito a contradizer a acusação contra si deduzida, por força do princípio da presunção de inocência e da acção penal ser exercida e orientada pelo princípio da legalidade, impõe ao Ministério Público a obrigatoriedade de apresentar em tribunal todas e quaisquer provas de que disponha, sejam favoráveis ou desfavoráveis à acusação.

Discordamos, pois, dos autores que defendem que ao arguido compete provar as circunstâncias justificativas e desculpantes por si alegadas, por violar expressamente o princípio da pre-

DAS MEDIDAS DE COACÇÃO

sunção de inocência, uma vez que poderá conduzir à condenação de uma pessoa por um facto que talvez não pudesse ser punível.

A presunção de inocência, como corolário do respeito pela dignidade da pessoa humana, impõe que o processo penal seja justo, não se conformando com um tratamento privilegiado da confissão como meio de prova, tantas vezes obtida mediante tortura física e psicológica nos idos do processo de estrutura inquisitória, que se caracteriza pelo princípio da presunção de culpa.

Num processo penal caracterizado pela máxima acusatoriedade, como o nosso, o arguido não pode ser concebido como um objecto do processo, não sendo, alguma vez, meio formal de prova, devendo antes ser considerado como um sujeito processual, com total liberdade para contradizer a acusação, através do recurso à igualdade de armas à disposição do acusador.

Do exposto resulta que o arguido não pode ser obrigado a prestar qualquer colaboração com o tribunal, sem que isso, de alguma forma, o possa prejudicar, devendo a sua participação no processo ser totalmente livre, respeitando-se a sua integral vontade de forma a que não surja uma verdade deturpada por via de uma qualquer pressão.

Como regra de tratamento processual o princípio da presunção de inocência traduz o direito do arguido a ser considerado como não responsável pele prática do crime que lhe é imputado enquanto não for condenado por sentença transitada em julgado, isto é, sem qualquer prejuízo de culpa que possa afectá-lo social ou moralmente em confronto com os demais cidadãos.

Enquanto princípio de prova, o direito à presunção de inocência significa que toda a condenação deve ser precedida de uma actividade probatória, a cargo da acusação, necessária a firmar a responsabilidade do arguido, não cumprindo a este a prova da sua inocência; na dúvida o arguido deve ser considerado inocente.

Como regra política e de responsabilidade moral, o princípio da presunção de inocência impõe ao juiz a procura da verdade material e o dever de assegurar ao arguido todos os meios práticos que lhe permitam provar o infundado da presunção de culpa, firmando-se, assim, um cunho estruturante e dogmático da presunção de inocência no direito processual penal dos estados modernos.

A celeridade processual é uma consequência do princípio da presunção de inocência e, acima de tudo, um direito fundamental do arguido, previsto no art. 32º, nº 2, 2ª parte, da Constituição da República Portuguesa e nos artigos 5º, nº 3 e 6º, nº 1, da Convenção Europeia dos Direitos do Homem.

A morosidade processual é de todo incompatível com a justiça, uma vez que inflige ao arguido uma restrição de determinados direitos. E é particularmente grave quando a mesma implica a prescrição do respectivo procedimento criminal, na medida em que, não raras as vezes, mantém sobre o arguido, sobretudo no seu meio social e profissional, o fardo penoso, pelo menos, da dúvida sobre a sua inocência, quando, na verdade, tinha o direito de ver declarada, solenemente e em julgamento público, a sua inocência (ou a culpa).

DAS MEDIDAS DE COACÇÃO E DE GARANTIA PATRIMONIAL

legitimadas pelo fim, devam ser aplicadas as menos gravosas, desde que adequadas[92].

6. Execução das medidas de coacção

Dispõe ainda o nº 4, do referido art. 193º que a execução das medidas de coacção e de garantia patrimonial não deve prejudicar o exercício de direitos fundamentais que não forem incompatíveis com as exigências cautelares que o caso requer. Trata-se ainda de uma manifestação do princípio da adequação no que se refere à escolha da modalidade da execução das medidas de coacção.

7. Aplicação das medidas de coacção: determinação da pena aplicável ao crime que justifica a medida

Estabelece o art. 195º, do CPP, que *se a aplicação de uma medida de coacção depender da pena aplicável, atende-se, na sua determinação, ao máximo da pena correspondente ao crime que justifica a medida.*

Referimos supra que o princípio da proporcionalidade impõe que a medida de coacção a aplicar ao arguido num determinado processo concreto (com a excepção do termo de identidade e residência, art. 196º, do CPP), deve ser proporcionada *à gravidade do crime e às sanções que previsivelmente venham a ser aplicadas.* A gravidade do crime depende, pois, por via de regra, da medida da pena aplicável.

O máximo da pena correspondente ao crime que justifica a medida de coacção há-de ser o limite máximo da pena estabelecida para o tipo de crime de que o arguido vem indiciado num concreto processo penal em curso. Assim, se estiver indiciado, *verbi gratia*, o crime de homicídio qualificado (art. 132º, do CP), é o limite máximo da pena aplicável a este

---

A morosidade processual ao impor restrições de direitos do arguido, destroi o conteúdo essencial e útil do princípio da presunção de inocência, esvaziando-o de sentido, constituindo um obstáculo à realização material do princípio constitucional, segundo o qual, «o processo criminal assegura todas as garantias de defesa...» (art. 32º, nº 1, da CRP). A tranquilidade e ordem públicas, bases da segurança dos cidadãos, assentam na certeza da condenação de quem prevaricou e na absolvição dos inocentes. Mas, caso o processo se arraste ao longo de anos, beneficiando de amnistias ou prescrevendo, cria-se um sentimento de impunidade, o que provoca um descrédito comunitário na justiça e uma revolta do inocente que não vê a sua inocência ser declarada em sentença proferida por um tribunal.

[92] Neste sentido, Germano Marques da Silva, *ob. cit.*, vol. II, 4ª Edição, p. 305.

DAS MEDIDAS DE COACÇÃO

tipo de crime (25 anos de prisão) que deverá ter-se em conta para a aplicação da medida. Do mesmo modo relativamente ao crime de homicídio privilegiado (art. 133º, do CP), ou homicídio simples (art. 131º, do CP), etc..

Nos casos de concurso real de crimes tomar-se-á em conta somente a pena aplicável a cada um dos crimes em concurso e não a pena aplicável ao concurso, determinável, aliás, apenas na condenação. A multiplicidade dos crimes terá relevância para efeitos de determinação da *adequação* e *proporcionalidade* da medida.

8. Competência para a aplicação das medidas de coacção; prévia audição do arguido e notificação do despacho

As medidas de coacção e de garantia patrimonial, com excepção do termo de identidade e residência[93], são aplicadas pelo juiz (juiz de instrução, nas fases de inquérito e da instrução e juiz do processo nas fases posteriores), a requerimento do Ministério Público, durante o inquérito e depois do inquérito mesmo oficiosamente, ouvido, no entanto, o Ministério Público, art. 194º, nº 1.

A revisão operada pela Lei nº 48/2007, de 29 de Agosto, veio estabelecer que, durante o inquérito, o juiz não pode aplicar medida de coação ou de garantia patrimonial mais grave que a requerida pelo Ministério Público, sob pena de **nulidade** (nº 2, do mesmo preceito legal).

Dos preceitos legais referidos resulta que, na fase de inquérito, as medidas de coacção são aplicadas a requerimento do Ministério Público, não podendo o juiz aplicar medida de coacção ou de garantia patrimonial mais grave que a requerida, sob pena de **nulidade**. Assim, nesta fase processual, sem requerimento do Ministério Público não é possível a aplicação de qualquer medida de coacção ou de garantia patrimonial. Havendo requerimento pode o juiz aplicar, apenas, a medida requerida, uma medida menos grave ou nenhuma, mas nunca uma medidada de coacção mais grave[94].

---

[93] O termo de identidade e residência pode ser aplicado pelas autoridades judiciárias, onde naturalmente se inclui o Ministério Público (art. 1º, nº 1, al. *b*), do CPP) e pelos órgãos de polícia criminal (art. 196º, do CPP).

[94] Veio, pois, a revisão operada pela Lei nº 48/2007, de 29 de Agosto, por termo às divergências doutrinárias sobre a possibilidade de o juiz, na fase de inquérito, aplicar medida de coacção mais grave que a requerida pelo Ministério Público. No sentido de, antes da revisão,

DAS MEDIDAS DE COACÇÃO E DE GARANTIA PATRIMONIAL

Sempre que o juiz não aceite a medida de coacção requerida e decida aplicar medida diversa, desde que menos gravosa, deve sempre ouvir o Ministério Público sobre a *adequação* da mesma[95].

o juiz não poder aplicar medida diversa da requerida pelo Ministério Público, pronunciou-se Manuel Lopes Maia Gonçalves (*Código de Processo Penal Anotado*, 12ª edição, Almedina, 2001, anotação ao art. 194º, p. 436), ao referir que, «Da Proposta de Lei governamental constava ainda um nº 5 para este artigo (o autor refere-se ao art. 194º, do CPP), do seguinte teor: *Durante o inquérito, não pode ser aplicada medida de coacção de natureza diferente ou em medida mais grave que a indicada no requerimento a que se refere o nº 1.* O dispositivo foi eliminado pela Assembleia da República e contra ele se insurgia a Associação Sindical dos Juizes Portugueses. Afigura-se-nos – prossegue o autor – porém que sem razão, pois se destinava a esclarecer melhor a lei, que já assim devia ser entendida, e a acabar com dúvidas sobre o ponto. Em nosso entendimento – conclui –, o juiz de instrução, durante o inquérito, deve limitar-se a controlar formalmente a verificação dos pressupostos legais da medida de coacção requerida, devendo o MP realizar as diligências necessárias para a instrução do requerimento, por ser a entidade competente para o inquérito...».
No mesmo sentido, Odete Maria de Oliveira (*Jornadas de Direito Processual Penal..., cit.*, pp. 170--171), ao afirmar: «... julgo que ao juiz de instrução apenas assiste o poder de, decidindo livremente, deferir ou indeferir, aplicando ou não a medida de coacção que o Ministério Público concretamente requerer. O que não pode, segundo penso, é impor medida de coacção diversa», uma vez que, segundo a autora, isso «poderia pôr em causa todo um plano de investigação».
Em sentido contrário, Germano Marques da Silva (*Curso de Processo Penal, cit.*, 3ª Edição, 2002) p. 276), ao referir que «o juiz mantém plena liberdade de decisão sobre a necessidade de aplicação de uma medida de coacção e escolha da que for adequada. Questão é apenas que na fase de inquérito, fase dominada pelo MP, lhe seja requerida a aplicação de uma medida ao arguido – o juiz não deve intervir na fase de inquérito se para tal não for solicitada a sua intervenção. O juiz de instrução não pode, na fase de inquérito, aplicar oficiosamente uma medida, mas sendo promovida essa aplicação, porque no entender do MP se verifica algum dos pressupostos que a justificam, compete exclusivamente ao juiz decidir sobre a ocorrência dos pressupostos, da necessidade da medida e de qual seja a adequada no caso. É que a medida de coacção, seja ela qual for, não se destina a servir o inquérito, não é um instrumento para a investigação, serve o processo, mas com as finalidades específicas que a lei lhe assinala.
Não nos parece, por isso, que seja procedente o argumento de que a aplicação de medida diversa da requerida pelo MP possa perturbar o decurso do inquérito, frustrando eventualmente o plano de investigação do MP, pois as medidas de coacção não se justificam pela necessidade da investigação, ou apenas em razão dessa necessidade. As medidas de coacção são cautelares, visam assegurar a realização dos fins do processo, por uma parte, e prevenir a continuação da actividade criminosa e o alarme social».
[95] Germano Marques da Silva, *ob. cit.*, vol. II, 4ª Edição, p. 308.

8.1. Prévia audição do arguido

Dispõe o nº 3 do art. 194º que, a aplicação das medidas de coacção é precedida de audição do arguido, ressalvados os casos de impossibilidade devidamente fundamentada, e pode ter lugar no acto do primeiro interrogatório judicial, aplicando-se sempre à audição o disposto no nº 4 do artigo 141º.

Impõe a lei a audição do arguido antes da aplicação de uma medida de coacção ou de garantia patrimonial, salvo nos casos de *impossibilidade devidamente fundamentada.*

A decisão de aplicação de uma medida de coacção ou de garantia patrimonial sem a audição do arguido deve, pois, especificar os motivos de facto e de direito que fundamentam a impossibilidade de audição (art. 97º, nº 5).

À audição do arguido é aplicável o disposto no nº 4 do artigo 141º, devendo, assim, o juiz informar o arguido: *a) dos direitos referidos no nº 1 do artigo 61º, explicando-lhos se isso for necessário; b) dos motivos da detenção; c) dos factos que lhe são concretamente imputados, incluindo, sempre que forem conhecidas, as circunstâncias de tempo, lugar e modo; e d) dos elementos do processo que indiciam os factos imputados, sempre que a sua comunicação não puser em causa a investigação, não dificultar a descoberta da verdade nem criar perigo para a vida, a integridade física ou psíquica ou a liberdade dos participantes processuais ou das vítimas do crime,* ficando todas as informações, à excepção das previstas na alínea *a),* a constar do despacho que aplicou a medida.

Com a revisão operada pela Lei nº 48/2007, de 29 de Agosto, a aplicação das medidas de coacção passou a depender, regra geral, da prévia audição do arguido, ao contrário do que acontecia anteriormente, a qual devia ocorrer, *sempre que possível e conveniente.*

Qualquer medida de coacção representa sempre maior ou menor restrição da liberdade do arguido. Por isso, compreende-se que, só nos casos de manifesta impossibilidade deve a mesma ser aplicada sem que antes se tenha dado a possibilidade ao arguido de se defender, ilidindo ou enfraquecendo a prova dos pressupostos que a podem legitimar.

A impossibilidade de audição há-de resultar de impedimento material, por exemplo, por falta do arguido à diligência em que deveria ser ouvido, por não ter sido possível encontrar o arguido para o notificar para a diligência, e outros análogos[96].

---

[96] Germano Marques da Silva, *ob. cit.,* vol. II, 4ª Edição, p. 309.

DAS MEDIDAS DE COACÇÃO E DE GARANTIA PATRIMONIAL

Com a alteração introduzida pela Lei nº 26/2010, de 30 de Agosto, durante o inquérito, e salvo impossibilidade devidamente fundamentada, o juiz decide a aplicação de medida de coacção ou de garantia patrimonial a arguido não detido, no prazo de cinco dias a contar do recebimento da promoção do Ministério Público (nº 4 do art. 194). Assim, durante o inquérito e tratando-se de arguido *não detido*, a audição para aplicação de medida de coacção pode ter lugar no práximo máximo de cinco dias, após a apresentação do requerimento do Ministério Público para o efeito.

No caso de ter sido aplicada uma medida de coacção sem a prévia audição do arguido e, posteriormente, este for detido para *execução* da mesma medida, deve o arguido ser apresentado ao juiz competente para que possa defender-se quanto à sua legalidade, necessidade, adequação e proporcionalidade (art. 254º, nº 1, al. *a*), do CPP). É o que resulta da expressão «*ou execução*» (de uma medida de coacção) constante na última parte da al. *a*), do nº 1, do art. 254º, que significa que quando a medida de coacção tenha sido aplicada sem prévia audição do arguido, deverá o mesmo, após a detenção para cumprimento da medida de coacção aplicada, ser apresentado ao juiz competente para primeiro interrogatório e, consequentemente, pronunciar-se sobre a medida de coacção que lhe foi aplicada sem a sua prévia audição[97].

Naturalmente que, não havendo lugar à detenção para *execução* da medida de coacção aplicada, pode sempre o arguido recorrer do despacho que a aplicou (art. 219º, do CPP), bem como requerer ao próprio juiz que a decretou, a sua revogação ou substituição (art. 212º, nº 4, do CPP).

8.2. Notificação e fundamentação do despacho de aplicação da medida de coacção

O despacho judicial de aplicação de qualquer medida de coacção, com a advertência das consequências do incumprimento das obrigações impostas, é notificado ao arguido e, sendo aplicada a prisão preventiva, é de imediato comunicado ao defensor e, sempre que o arguido o *pretenda*, a parente ou a pessoa da sua confiança (art. 194º, nºs 8 e 9).

O despacho judicial de aplicação de uma medida de coacção ou de garantia patrimonial, à excepção do termo de identidade e residência,

---

[97] Germano Marques da Silva, *ob. cit.*, vol. II, 4ª Edição, pp. 309-310.

DAS MEDIDAS DE COACÇÃO

sendo um *acto decisório*, deve ser sempre ***fundamentado***, dele devendo constar, sob pena de ***nulidade***[98]: *a) a descrição dos factos concretamente imputados ao arguido incluindo, sempre que forem conhecidas, as circunstâncias de tempo, lugar e modo; b) a enunciação dos elementos do processo que indiciam os factos imputados, sempre que a sua comunicação não puser gravemente em causa a investigação, impossibilitar a descoberta da verdade ou criar perigo para a vida, a integridade física ou psíquica ou a liberdade dos participantes processuais ou das vítimas do crime; c) a qualificação jurídica dos factos imputados; e d) a referência aos factos concretos que preenchem os pressupostos de aplicação da medida, incluindo os previstos nos artigos 193º e 204º* (nº 5, do art. 194º).

Esclarecem ainda os números 6 e 7, do referido art. 194º, que, sem prejuízo do disposto na alínea *b)* do número anterior, não podem ser considerados para fundamentar a aplicação ao arguido de medida de coacção ou de garantia patrimonial, à excepção do termo de identidade e residência, quaisquer factos ou elementos do processo que lhe não tenham sido comunicados durante a audição, podendo o arguido e o seu defensor consultar os elementos do processo determinantes da aplicação da medida, à excepção do termo de identidade e residência, durante o interrogatório judicial e no prazo previsto para a interposição do recurso.

A fundamentação do despacho se por um lado permite o controlo da actividade jurisdicional, por outro, e não menos importante, revela-se fundamental para convencer da sua legalidade e justiça. A exigência de fundamentação actua ainda, como meio de autocontrolo do próprio juiz, pela necessidade de justificar a ocorrência das condições legais de aplicação da medida. A fundamentação deve conter ainda a indicação das exigências cautelares que em concreto justificam a medida aplicada. Com efeito, sendo o respectivo despacho susceptível de recurso, torna-se necessário que os pressupostos legais de aplicação das medidas sejam indicados no despacho, sob pena de se frustar inteiramente a viabilidade do recurso[99].

---

[98] Para Manuel Maia Gonçalves, *Código de Processo Penal Anotado*, 17º edição – 2009, Almedina, anotação ao art. 194º, p. 482, a nulidade resultante da omissão, na fundamentação do despacho que aplicar qualquer medida de coacção ou de garantia patrimonial, de algum dos elementos constantes das alíneas do nº 5 do art. 194º depende de arguição, nos termos do art. 120º, devendo, portanto, ser arguida no prazo estabelecido na alínea *c)* do nº 3 do mesmo art. 120º. No mesmo sentido, Germano Marques da Silva, *ob. cit.*, vol. II, 4ª Edição, p. 311.

[99] Germano Marques da Silva, *ob. cit.*, vol. II, 4ª Edição, pp. 310-311.

DAS MEDIDAS DE COACÇÃO E DE GARANTIA PATRIMONIAL

A *descrição dos factos concretamente imputados ao arguido incluindo, sempre que forem conhecidas, as circunstâncias de tempo, lugar e modo*, exigida pelo legislador, refere-se os factos constitutivos de determinado crime, incluindo as circunstâncias de tempo, lugar e modo que, em concreto, justificam a medida de coacção aplicada, bem como os indícios ou fortes indícios, consoante os casos, da sua prática pelo arguido.

A enunciação dos elementos do processo que indiciam os factos imputados, sempre que a sua comunicação não puser gravemente em causa a investigação, impossibilitar a descoberta da verdade ou criar perigo para a vida, a integridade física ou psíquica ou a liberdade dos participantes processuais ou das vítimas do crime.
Não basta a indicação dos factos constitutivos de determinado crime e suas circunstâncias, sendo ainda necessária a enunciação dos elementos de prova indiciadores dos factos imputados e da responsabilidade do arguido constantes dos autos, desde que a sua *comunicação não puser gravemente em causa a investigação, impossibilitar a descoberta da verdade ou criar perigo para a vida, a integridade física ou psíquica ou a liberdade dos participantes processuais ou das vítimas do crime.* Esta ressalva, embora constitua uma limitação grave para a defesa do arguido sujeito a medida de coacção, compreende-se.

A qualificação jurídica dos factos imputados.
A qualificação jurídica dos factos imputados ao arguido, exigida pela al. *c*), do nº 5 do art. 194º, tem toda a razão de ser dada a sua relevância para a determinação da pena aplicável ao crime que justifica a medida de coacção.
A qualificação jurídica que importa considerar é a dos factos indiciados no processo no momento da aplicação da medida. Na verdade, com o decurso da investigação podem muito bem os factos – como tantas vezes acontece –, bem como a própria qualificação jurídica, alterar-se.
A falta de qualificação jurídica dos factos tem como consequência a **nulidade** do despacho de aplicação da medida de coacção (nº 5 do art. 194º). *Quid juris* no caso de errada qualificação?
Germano Marques da Silva sustenta que, no caso de errada qualificação jurídica dos factos, estaremos perente um erro de decisão, susceptível de correcção pela via de recurso, mas não uma nulidade. Para o autor,

as nulidades são típicas e a lei não tipifica a errada qualificação jurídica dos factos como nulidade[100].

Manuel Maia Gonçalves equipara a errada qualificação jurídica à falta de qualificação, entendendo, assim, que a errada qualificação jurídica dos factos é cominada com a ***nulidade***. Caso contrário, remata o autor, ficaria aberto o caminho para o juiz poder indicar uma qualquer qualificação jurídica, dentro do nebuloso leque de todas as que no início do inquérito se podem vir a configurar[101].

A razão está, em nosso entender, com Manuel Maia Gonçalves. A errada qualificação jurídica equivale à falta de qualificação. Por outro lado, com o decurso da investigação podem os factos, bem como a própria qualificação jurídica alterar-se, o que significa que, no momento da decisão sobre o recurso interposto para a correcção da medida aplicada à luz da errada qualificação jurídica, pode esta justificar-se, tornando o recurso inviável.

A referência aos factos concretos que preenchem os pressupostos de aplicação da medida, incluindo os previstos nos artigos 193º e 204º.

Não basta, pois, referir na fundamentação do despacho que aplicar medida de coacção ou de garantia patrimonial, que o crime x ou y está indiciado, que há fuga ou perigo de fuga, perigo de perturbação do decurso do inquérito ou da instrução do processo, perigo para a aquisição, conservação ou veracidade da prova, perigo da continuação da actividade criminosa ou perigo de grave perturbação da ordem e da tranquilidade públicas (art. 204º); é ainda necessário indicar quais os *elementos constitutivos do crime que se consideram indiciados*, quais os factos que fazem temer pelo perigo de fuga, pelo perigo de perturbação do decurso do inquérito ou da instrução do processo, pelo perigo para a aquisição, conservação ou veracidade da prova, pelo perigo da continuação da actividade criminosa ou pelo perigo de grave perturbação da ordem e da tranquilidade, os pressupostos indicados no art. 193º: *necessidade, adequação* e *proporcionalidade* e ainda o requerimento do Ministério Público e sua audição, se for caso disso, bem como do arguido, nos termos dos nºs 1, 2 e 3 do art. 194º.

---

[100] *Ob cit.*, vol. II, 4ª Edição, p. 313.
[101] *Código de Processo Penal Anotado*, 17ª Edição 2009, Almedina, anotação ao art. 194º, p. 482.

Secção II
Medidas de Coacção Previstas no CPP

1. Considerações gerais
Como referimos na secção anterior, as medidas de coacção estão submetidas ao princípio da *legalidade* ou da *tipicidade*, o que significa que só são admissíveis as que forem previstas na lei (Código de Processo Penal ou noutra lei de valor formal igual ou semelhante), não podendo pois, haver outras que limitem, total ou parcialmente, a liberdade dos cidadãos.

As medidas de coacção previstas no Código de Processo Penal, livro IV, título II, capítulo I, são as seguintes:

- Termo de identidade e residência (art. 196º);
- Caução (art. 197º);
- Obrigação de apresentação periódica (art. 198º);
- Suspensão do exercício de profissão, de função, de actividade e de direitos (art. 199º);
- Proibição e imposição de condutas (art. 200º);
- Obrigação de permanência na habitação (art. 201º);
- Prisão preventiva (art. 202º)[102], as quais se encontram graduadas em função da sua gravidade crescente, aferida em função da gravidade da pena previsivelmente aplicável, correspondente ao crime imputado ao arguido.

Refira-se, no entanto, que o Código de Processo Penal actual não obriga à aplicação de qualquer medida de coacção, a não ser o termo de identidade e residência, como veremos.

2. Termo de identidade e residência
O termo de identidade e residência é a primeira medida de coacção prevista no CPP (art. 196º), sendo também considerada a menos grave.

---

[102] Sobre a evolução histórica das medidas de coacção no direito português, vide Germano Marques da Silva, *Curso de Processo Penal, cit.*, vol. II, 4ª Edição, pp. 316 e ss.

DAS MEDIDAS DE COACÇÃO

É indubitável que o legislador entendeu considerar o termo de identidade e residência como uma verdadeira medida de coacção, submetendo-a, embora, a um regime jurídico próprio, que a distingue das restantes.

Bem andou, a nosso ver, o legislador ao considerar o termo de identidade e residência como uma verdadeira medida de coacção na medida em que, a sujeição à mesma, implica para o arguido deveres claramente limitadores da sua liberdade pessoal.

A sujeição a termo de identidade e residência implica para o arguido, os seguintes deveres: *a*) a indicação da sua identificação; *b*) a indicação da sua residência, o local de trabalho ou outro domicílio à sua escolha, para o efeito de ser notificado mediante via postal simples, nos termos da alínea *c*) do nº 1, do art. 113º; *c*) a obrigação de comparecer perante a autoridade competente ou de se manter à disposição dela sempre que a lei o obrigar ou para tal for devidamente notificado; *d*) a obrigação de não mudar de residência nem dela se ausentar por mais de cinco dias sem comunicar a nova residência ou o lugar onde possa ser encontrado (art. 196º, nº 2 e 3, do CPP).

O incumprimento de tais deveres legitima a representação do arguido por defensor em todos os actos processuais nos quais tenha o direito ou o dever de estar presente e bem assim a realização da audiência na sua ausência, nos termos do art. 333º (art. 196º, nº 3, al. *d*)).

O termo de identidade e residência é sempre cumulável com qualquer outra medida de coacção (art. 196º, nº 4).

2.1. Competência para a aplicação do termo de identidade e residência

Nos termos do nº 1, do art. 196º, do CPP, a autoridade judiciária ou o órgão de polícia criminal sujeitam a termo de identidade e residência lavrado no processo todo aquele que for constituído arguido, ainda que já tenha sido identificado nos termos do art. 250º.

Antes da revisão operada pela Lei nº 59/98, de 25 de Agosto, apenas as autoridades judiciárias tinham competência para a aplicação do termo de identidade e residência. A aludida revisão, no entanto, veio atribuir também aos órgãos de polícia criminal tal competência, embora a alínea *b*), do nº 1, do art. 268º, do CPP, continue a referir como competentes para aplicação de tal medida de coacção, apenas o próprio juiz de instrução e o Ministério Público, e não também os órgãos de polícia criminal.

DAS MEDIDAS DE COACÇÃO E DE GARANTIA PATRIMONIAL

O termo de identidade e residência é a única medida de coacção que pode ser aplicada no âmbito de qualquer processo (comum ou especial), independentemente da espécie ou gravidade da pena aplicável ao crime objecto do mesmo processo, devendo ser aplicada sempre que se verifique a constituição de arguido (art. 196º, nº 1).

Assim sendo, o termo de identidade e residência deve ser aplicado logo que se torne obrigatória a constituição de arguido (art. 58º do CPP)[103], e não necessariamente findo o primeiro interrogatório (judicial ou não judicial) do arguido.

---

[103] *Código de Processo Penal*, «Artigo 57º *(Qualidade de arguido)* 1 – Assume a qualidade de arguido todo aquele contra quem for deduzida acusação ou requerida instrução num processo penal. 2 – A qualidade de arguido conserva-se durante todo o decurso do processo. 3 – É correspondentemente aplicável o disposto nos nºs. 2, 3, e 4 do artigo seguinte».

«Artigo 58º *(Constituição de arguido)* 1 – Sem prejuízo do disposto no artigo anterior, é obrigatória a constituição de arguido logo que: *a)* Correndo inquérito contra pessoa determinada em relação à qual haja suspeita fundada da prática de crime, esta prestar declarações perante qualquer autoridade judiciária ou órgão de polícia criminal; *b)* Tenha de ser aplicada a qualquer pessoa uma medida de coacção ou de garantia patrimonial; *c)* Um suspeito foi detido, nos termos e para os efeitos previstos nos artigos 254º a 261º; ou *d)* For levantado auto de notícia que dê uma pessoa como agente de um crime e aquele lhe for comunicado, salvo se a notícia for manifestamente infundada. 2 – A constituição de arguido opera-se através da comunicação, oral ou por escrito, feita ao visado por uma autoridade judiciária ou órgão de polícia criminal, de que a partir desse momento aquele deve considerar-se arguido num processo penal e da indicação e, se necessário, explicação dos direitos e deveres processuais referidos no artigo 61º que por essa razão passam a caber-lhe. 3 – A constituição de arguido feita por órgão de polícia criminal é comunicada à autoridade judiciária no prazo de 10 dias e por esta apreciada, em ordem à sua validação. 4 – A constituição de arguido implica a entrega, sempre que possível no próprio acto, de documento de que constem a identificação do processo e do defensor, se este tiver sido nomeado, e os direitos e deveres processuais referidos no artigo 61º. 5 – A omissão ou violação das formalidades previstas nos números anteriores implica que as declarações prestadas pela pessoa visada não podem ser utilizadas como prova. 6 – A não validação da constituição de arguido pela autoridade judiciária não prejudica as provas anteriormente obtidas».

«Artigo 59º *(Outros casos de constituição de arguido)* 1 – Se, durante qualquer inquirição feita a pessoa que não é arguido, surgir fundada suspeita de crime por ela cometido, a entidade que proceda ao acto suspende-o imediatamente e procede à comunicação e à indicação referidas no nº 2 do artigo anterior. 2 – A pessoa sobre quem recair suspeita de ter cometido um crime tem direito a ser constituída, a seu pedido, como arguido sempre que estiverem a ser efectuadas diligências, destinadas a comprovar a imputação, que pessoalmente a afectem. 3 – É correspondentemente aplicável o disposto nos nºs 3 e 4 do artigo anterior».

DAS MEDIDAS DE COACÇÃO

Do termo (de identidade e residência) deve constar que ao arguido foi dado conhecimento dos deveres supra referidos e respectivas consequências para o seu incumprimento, bem como a informação de que as posteriores notificações serão feitas por via postal simples para a morada que indicou, excepto se comunicar outra, através de requerimento entregue ou remetido por via postal registada à secretaria onde os autos se encontrarem a correr nesse momento (n° 3, do art. 196°, do CPP).

Sendo competentes para a sujeição do arguido a termo de identidade e residência tanto o juiz como o Ministério Público ou o órgão de polícia criminal, coloca-se a questão de saber como conciliar o dispositivo do art. 219°, do CPP, que admite o recurso da decisão que aplicar esta (ou qualquer outra) medida de coacção, quando a mesma decisão for do Ministério Público ou do órgão de polícia criminal, uma vez que tanto a decisão do Ministério Público como a do órgão de polícia criminal não são judiciais.

São várias as soluções possíveis: uma delas, quiçá a mais radical, seria entender que tal decisão é insusceptível de recurso, uma vez que o termo de identidade e residência é imposto directamente pela lei, sendo aplicado no âmbito de qualquer processo (comum ou especial), que deva continuar, independentemente da espécie ou gravidade da pena aplicável ao crime objecto do mesmo processo, imediatamente após a constituição de arguido da pessoa visada. Por outro lado, dir-se-ia ainda que o termo de identidade e residência não contêm imposições insuportáveis ou demasiado gravosas para o arguido.

Tal entendimento, no entanto, não se apresenta como o mais correcto. Em primeiro lugar, porque violaria frontalmente o n° 1 do aludido art. 219°, que expressamente estabelece que, *da decisão que aplicar, substituir ou mantiver medidas previstas no presente título* – onde se inclui naturalmente o termo de identidade e residência – *cabe recurso a interpor pelo arguido ou pelo Ministério Público*[104], *a julgar no prazo máximo de 30 dias a contar do momento em que os autos forem recebidos.* Por outro lado, e não obs-

---

«Artigo 60° *(Posição processual)* Desde o momento em que uma pessoa adquirir a qualidade de arguido é-lhe assegurado o exercício de direitos e de deveres processuais, sem prejuízo da aplicação de medidas de coacção e de garantia patrimonial e da efectivação de diligências probatórias, nos termos especificados na lei».

[104] A interposição do recurso é para o respectivo Tribunal da Relação, art. 427°, do CPP.

tante o seu regime jurídico específico, que o distingue das restantes medidas de coacção, é indubitável que a sujeição a termo de identidade e residência implica para o arguido deveres claramente limitadores da sua liberdade pessoal, consequentemente, a decisão que o aplicar deve ser passível de recurso.

O recurso hierárquico, para o respectivo superior (hierárquico), pelos motivos referidos, também parece não ser a melhor solução.

Aquela que melhor se harmoniza com o art. 219º, parece-nos ser a de admitir a impugnação da decisão do Ministério Público ou do órgão de polícia criminal que aplicar o termo de identidade e residência perante o juiz de instrução, e consequentemente recurso da decisão deste para o respectivo Tribunal da Relação[105].

A sujeição a termo de identidade e residência sem a prévia constituição de arguido da pessoa que dele é objecto determina, como se referiu supra, a sua *inexistência jurídica* por falta de um pressuposto legal (arts. 192º, nº 1, 58º, nº 1, al. *b*) e 196º, nº 1, do CPP), assistindo ao visado o *direito de resistência*, nos termos do art. 21º, da CRP.

A não sujeição a termo de identidade e residência sempre que se verifique a constituição de arguido constitui mera *irregularidade processual* (art. 118º, nº 2 do CPP), cuja reparação deve ser ordenada mesmo oficiosamente, logo que da mesma se tome conhecimento, determinando-se a sujeição do arguido a termo de identidade e residência, art. 123º, nº 2, do CPP.

Sendo certo que a sujeição a termo de identidade e residência implica para o arguido deveres claramente limitadores da sua liberdade pessoal, tornando-o uma verdadeira medida de coacção, que pode manter-se desde a constituição de arguido até à sentença absolutória ou o trânsito em julgado da sentença condenatória (art. 214º, do CPP), entendemos ser de constitucionalidade duvidosa o nº 1, do art. 196º, do CPP, ao atribuir também aos órgãos de polícia criminal competência para a sua aplicação, por violação do nº 4, do art. 32º, da Constituição da República Portuguesa, que impede a prática de actos instrutórios que se prendam directamente com os direitos fundamentais por entidade diferente do juiz[106].

---

[105] Neste sentido, Manuel Maia Gonçalves, *Código de Processo Penal Anotado*, 17ª Edição – 2009, Almedina, anotação ao art. 196º, p. 486.

[106] *Constituição da República Portuguesa*, art. 32º, nº 4: «Toda a instrução é da competência de um juiz, o qual pode, nos termos da lei, delegar noutras entidades a prática dos actos instrutórios que se não prendam directamente com os direitos fundamentais».

3. Caução

A caução, medida de coacção prevista no art. 197º do CPP, consiste na imposição ao arguido de garantia patrimonial para acautelar o cumprimento das suas obrigações processuais, *v. g.*, comparência em acto processual, cumprimento de obrigações derivadas de medida de coacção que lhe tiver sido imposta, etc. (art. 208º, nº 1).

Como resulta do nº 1, do art. 197º referido, a caução só pode ser aplicada se o crime imputado ao arguido for punível com pena de prisão, não estabelecendo a lei qualquer limite mínimo quanto ao seu valor (*requisito específico*).

A caução, bem como as restantes medidas de coacção, à excepção do termo de identidade e residência, não deve ser aplicada, como já referimos supra, automaticamente, mas sim tendo em conta a sua necessidade, adequação *às exigências cautelares que o caso concreto requerer* e proporcionalidade atenta a *gravidade do crime e as sanções que previsivelmente venham a ser aplicadas* (art. 193º, nº 1, do CPP).

A caução, enquanto medida de coacção, não deve confundir-se com a caução económica como medida de garantia patrimonial. Enquanto aquela destina-se a prevenir o cumprimento pelo arguido das suas obrigações processuais, esta destina-se a garantir o cumprimento de obrigações de natureza estritamente patrimonial emergentes do processo: pagamento da pena pecuniária, das custas do processo, de qualquer outra dívida para com o Estado relacionada com o crime ou de indemnização ou de outras obrigações civis derivadas do crime (art. 227º, nº 1 e 2).

A caução é prestada por meio de depósito, penhor, hipoteca, fiança bancária ou fiança, nos concretos termos em que o juiz o admitir (art. 206º, nº 1). A lei parece não impedir que o depósito seja de dinheiro, títulos de crédito, pedras ou metais preciosos, conforme permite o art. 623º do Código Civil. Em qualquer caso, os termos em que a caução será prestada são estabelecidos pelo juiz (art. 206º, nº 1)[107].

Para a fixação do montante da caução, são quatro os critérios que o juiz deve atender: *os fins de natureza cautelar a que se destina*; *a gravidade do crime imputado*; *o dano causado pelo crime* e a *condição sócio-económica do arguido* (art. 197º, nº 3).

---

[107] Germano Marques da Silva, *ob. cit.*, vol. II, 4ª Edição, p. 327.

DAS MEDIDAS DE COACÇÃO E DE GARANTIA PATRIMONIAL

A caução pode ser substituída, oficiosamente pelo juiz ou a requerimento do interessado, com um dos seguintes fundamentos: *impossibilidade*; *graves dificuldades* ou *graves inconvenientes* em prestá-la por parte do arguido. Em qualquer destes casos a caução pode ser substituída por qualquer ou quaisquer outras medidas de coacção, à excepção da prisão preventiva ou de obrigação de permanência na habitação, legalmente cabidas ao caso, as quais acrescerão a outras que já tenham sido impostas (art. 197º, nº 2, do CPP)[108].

Do disposto nos arts. 197º, nº 2 e 203º, resulta, em nossa opinião, que, nos casos em que tenha sido aplicada a caução e ela não for prestada por *impossibilidade, graves dificuldades* ou *graves inconvenientes* em prestá-la, não poderá o juiz aplicar a prisão preventiva ou a obrigação de permanência na habitação, mesmo que no caso concreto elas sejam legalmente admissíveis.

Questão diferente é a de saber se ao arguido que não prestar a caução que lhe foi imposta apesar de ter possibilidade de a prestar, pode ser aplicada a prisão preventiva ou a obrigação de permanência na habitação. Apesar da Lei nº 59/98, de 25 de Agosto, ter introduzido o nº 4 do art. 206º, do CPP, nos termos do qual «*Ao arguido que não preste caução é correspondentemente aplicável o disposto no artigo 228º*», o que significa que ao arguido que não prestar a caução que lhe foi imposta lhe possa ser aplicado o arresto preventivo, entendemos, de igual modo, que ao arguido que não prestar a caução que lhe foi imposta apesar de ter possibilidade para o efeito, lhe possa ser aplicada a prisão preventiva ou a obrigação de permanência na habitação, desde que legalmente admissíveis no caso (art. 203º)[109].

---

[108] Odete Maria de Oliveira, *in Jornadas de Direito Processual ..., cit.*, p. 176, entende que, embora o nº 2, do art. 197º, do CPP só excepcione as medidas de coacção prisão preventiva e obrigação de permanência na habitação, devem também considerar-se excepcionadas as medidas de coacção suspensão do exercício de funções, de profissão e de direitos (art. 199º), uma vez que, por um lado, são diversas as circunstâncias que interessa acautelar com a caução e a medida prevista no art. 199º e, por outro, porque nenhuma dessas medidas de coacção responde às necessidades cautelares justificativas da outra, exemplificando, refere a autora que, no caso da impossibilidade de prestar caução prevista no referido art. 197º, nº 2, a substituição da caução pela suspensão do exercício do poder paternal seria perfeitamente inadequada aos fins cautelares visados daí a impossibilidade legal da sua aplicação. Porém, nada impede, segundo a autora, que as duas referidas medidas de coacção se cumulem entre si (arts. 199º, nº 1 e 205º), se verificados os requisitos de cada uma delas.

[109] Contra, Manuel Maia Gonçalves, *Código de Processo Penal Anotado, cit.*, anotação ao art. 197º, p. 488, defendendo que, no caso de o arguido não prestar a caução que lhe foi arbi-

DAS MEDIDAS DE COACÇÃO

Acresce que, nos termos do art. 212º, nº 2, as medidas de coacção que, por qualquer motivo, tenham sido revogadas podem de novo ser aplicadas, incluindo a prisão preventiva, se sobrevierem motivos que legalmente justifiquem a sua aplicação. Ora, se em caso de revogação de uma medida pode a mesma, ou outra diferente, *maxime* a prisão preventiva, de novo ser aplicada, seria totalmente incompreensível, até por maioria de razão, que não pudesse revogar-se uma medida e aplicar-se outra diferente, ainda que mais grave, se existirem motivos que legalmente a justifiquem.

Ainda a este propósito pode colocar-se a seguinte questão: a recusa injustificada de prestação da caução pode integrar o crime de desobediência?

Em sentido afirmativo Odete Maria de Oliveira[110].

Pela nossa parte, discordamos, frontalmente, desta posição. Como escrevemos já[111], nem todas as "desobediências" constituem o crime previsto e punido pelo art. 348º, do CP. A concreta qualificação de um comportamento como crime de desobediência deve ser equacionada em três momentos: em primeiro lugar, pela verificação da subsunção a uma norma que preveja um ilícito próprio, **não necessariamente de natu-**

---

trada, apesar de ter possibilidades de a prestar, pode ser aplicado o arresto preventivo, como se estabelece no art. 228º, nº 1, e também no art. 206º, nº 4, podendo ainda ser estabelecida outra medida de coacção, desde que não privativa da liberdade.

[110] *In Jornadas de Direito Processual Penal ..., cit.*, p. 185, ao referir, a propósito do art. 203º, do CPP: «Pode ainda perguntar-se se a violação das obrigações pode integrar um crime de desobediência. A questão assume particular relevo face a uma recusa injustificada a prestar caução.

O legislador do actual Código não tomou posição expressa, certamente por ter em conta a natureza substantiva da questão, ao contrário do Código de 1929 que regulou expressamente a situação pela forma prevista no art. 285º-A. Contudo, sempre se poderá concluir que, verificados os elementos típicos do art. 388º (actual art. 348º) do Código Penal, aquele comportamento poderá integrar crime de desobediência.

Não se ignora quanto pode ser prejudicial a criminalização destes comportamentos. Não pode, porém, esquecer-se que, a não se entender assim, situações destas ficam praticamente desacauteladas; pense-se, por exemplo, na hipótese de um crime punível com pena de prisão de máximo não superior a seis meses em que, face a uma recusa injustificada a prestar caução, nenhuma outra medida de coacção (para além do termo de identidade e residência) poderá ser imposta».

[111] Cfr. o nosso *Os Tribunais as Polícias e o Cidadão – O Processo Penal*, 2ª Edição Revista e Actualizada, Almedina, 2002, pp. 112-113

reza penal; em segundo lugar, pela verificação da subsunção a uma norma que concretamente o qualifique como crime de desobediência (simples ou qualificada), cominando a respectiva punição; finalmente, pela subsunção directa ao n.º 1, do art. 348.º, do CP.

No grupo das situações resultantes da verificação da possibilidade de subsunção a uma norma que especificamente preveja um ilícito próprio, não necessariamente de natureza penal, incluem-se, em sentido amplo, por constituírem violação de uma determinação concreta da autoridade, formas especiais de crimes de desobediência, ou que constituem ilícito de mera ordenação social ou contravenção, **mas também** situações a que corresponde, *v. g.*, uma sanção de natureza processual ou a imposição de meios processuais de natureza meramente cautelar[112].

Ora, estabelecendo a lei, como estabelece (art. 203.º, do CPP) que, *em caso de violação das obrigações impostas por aplicação de uma medida de coacção, pode o juiz impor, tendo em conta a gravidade do crime imputado e os motivos da violação, outra ou outras medidas de coacção, previstas no Código e admissíveis no caso*, são estas "sanções" que deverão ser aplicadas, dada a sua relação de especialidade em relação ao art. 348.º, do CPP.

A esta conclusão parecem apelar, decisivamente, os princípios da **legalidade** e da **tipicidade** das normas incriminadoras, constitucionalmente previstos (arts. 29.º e 18.º, da CRP), bem como o carácter **subsidiário** e **fragmentário** do direito penal, de intervenção limitada aos casos de **necessidade**.

Para além da revogação, ou substituição, prevê ainda a lei o reforço da caução, dispondo no art. 207.º que *se, posteriormente a ter sido prestada caução, forem conhecidas circunstâncias que a tornem insuficiente ou impliquem a modificação da modalidade de prestação, pode o juiz impor o seu reforço ou modificação*.

As circunstâncias ou factos que fundamentam o reforço ou modificação da caução, não têm de ser, como resulta da lei, supervenientes, bastando que seja superveniente apenas o seu conhecimento.

Prevê ainda a lei a quebra da caução, dispondo o art. 208.º, que *a caução considera-se quebrada quando se verificar falta injustificada do arguido a acto processual a que deva comparecer ou incumprimento de obrigações derivadas de medida de coacção que lhe tiver sido imposta*.

---

[112] Neste sentido, José Luís Lopes da Mota, *Crimes Contra a Autoridade Pública*, p. 21.

Como resulta da lei, a quebra da caução só pode ter por fundamento a *falta injustificada* do arguido a acto processual a que deva comparecer ou então o **incumprimento de obrigação** derivada de outra medida de coacção que lhe tiver sido imposta cumulativamente com a caução e não quaisquer outros motivos, nomeadamente, como é salientado por Germano Marques da Silva, a prática de actos que justificaram a aplicação da medida (*v. g.*, continuação da actividade criminosa ou fuga) enquanto esses actos não implicarem o incumprimento de obrigação imposta ao arguido caucionado como consequência das medidas de coacção. É que as medidas de coacção visam evitar a ocorrência de certos factos, os previstos nas diversas alíneas do art. 204º, mas delas não deriva o dever específico de não praticar esses factos[113].

Naturalmente que, como referimos supra, a ocorrência destes factos (previstos nas diversas alíneas do art. 204º) podem fundamentar a revogação de determinada medida de coacção e consequente aplicação de outra diferente, *maxime* a prisão preventiva (art. 212º, nº 2).

A caução será quebrada mediante despacho do juiz, ouvido o Ministério Público e o próprio arguido, em obediência ao princípio do contraditório, revertendo o seu valor para o Estado, art. 208º, nº 2.

Com a caução pode ser cumulada qualquer outra medida de coacção, com excepção da prisão preventiva ou da obrigação de permanência na habitação, art. 205º.

4. Obrigação de apresentação periódica

A obrigação de apresentação periódica é outra medida de coacção, prevista no art. 198º, que consiste na obrigação de o arguido proceder à sua apresentação periódica a uma entidade judiciária ou a um certo órgão de polícia criminal em dias e horas preestabelecidos, tomando em conta as exigências profissionais do arguido e o local em que habita.

Esta medida de coacção só pode ser aplicada *se o crime imputado ao arguido for punível com pena de prisão de máximo superior* (e não igual ou inferior) *a seis meses* (requisito específico) e em obediência estrita aos princípios da adequação e da proporcionalidade a que já nos referimos supra.

---

[113] *Ob. cit.*, vol. II, 4ª Edição, p. 329.

DAS MEDIDAS DE COACÇÃO E DE GARANTIA PATRIMONIAL

Na aplicação desta medida ordena a lei que sejam atendidas *as exigências profissionais do arguido e o local em que habita* (art. 198º referido). Será o caso de um arguido que trabalhe por hipótese no Algarve e tenha família em Lisboa onde se desloca ao fim de semana. Assim, se lhe for imposta a apresentação diária, o juiz terá que estipular-lhe dois locais para apresentação, concretizando assim, o princípio da *adequação* no que se refere à execução das medidas de coacção, previsto no art. 193º, nº 4, do CPP, que dispõe que *a execução das medidas de coacção e de garantia patrimonial não deve prejudicar o exercício de direitos fundamentais que não forem incompatíveis com as exigências cautelares que o caso requer.*

A obrigação de apresentação periódica é necessariamente aplicada pelo juiz (como aliás, as restantes medidas de coacção, com excepção do termo de identidade e residência), durante o inquérito a requerimento do Ministério Público depois do inquérito mesmo oficiosamente, ouvido no entanto, o Ministério Público (art. 194º, nº 1). A aplicação desta (ou qualquer outra, excepto o termo de identidade e residência) medida por entidade diferente do juiz determina a sua ***inexistência jurídica***, assistindo ao visado o exercício do ***direito de resistência***, nos termos do art. 21º, da Constituição da República.

A obrigação de apresentação periódica é cumulável com qualquer outra, à excepção da prisão preventiva e da obrigação de permanência na habitação (art. 198º, nº 2).

5. Suspensão do exercício de profissão, de função, de actividade e de direitos

Nos termos do art. 199º, do CPP, a medida de coacção de *suspensão do exercício de profissão, de função, de actividade e de direitos* é aplicável quando o crime imputado ao arguido for punível com pena de prisão de máximo superior (e não igual ou inferior) a ***dois anos***, podendo ser cumulável com qualquer outra medida, incluindo a prisão preventiva ou a obrigação de permanência na habitação.

As suspensões possíveis são do exercício (art. 199º, nº 1, als. *a*) e *b*), do CPP): a) *de profissão, função ou actividade, públicas ou privadas*[114]; b) *do poder*

---

[114] Antes da revisão operada pela Lei nº 48/2007, de 29 de Agosto, colocou-se a questão de saber se o conceito de *função pública*, a que se referia a alínea *a*), do nº 1, do art. 199º, abrangia também os cargos políticos, designadamente, o cargo de presidente de câmara.

DAS MEDIDAS DE COACÇÃO

A este propósito decidiu o Tribunal Constitucional (Acórdão do Tribunal Constitucional nº 41/2000, de 26 de Janeiro, Processo nº 481/97, publicado no *DR*, II Série, nº 243, de 20de Outubro, pp. 16 997 e ss.): *«Interpretar a norma constante da alínea a) do nº 1 do artigo 199º do Código de Processo Penal como não abrangendo os titulares de cargos políticos»*. Ou seja, a aludida norma não abrange os titulares de cargos políticos, incluindo o de presidente de câmara.

Isto porque, como é referido pelo Tribunal Constitucional, citando um parecer de Vital Moreira: «os titulares de cargos públicos, designadamente os cargos políticos, não estão inseridos em nenhuma relação de emprego, são providos por via eleitoral ou por designação livre de outro titular do poder político, têm um mandado temporário, não estão sujeitos a uma relação hierárquica nem a poder disciplinar. A sua responsabilidade funcional é uma *responsabilidade política*, perante o eleitorado que os elegeu ou perante o órgão que os designou. (...) A lei fundamental distingue claramente entre *função pública* e *cargos públicos* (cfr. artigos 47º e 50º), referindo-se o artigo 117º especificamente aos cargos políticos, aí se incluindo o de presidente da câmara municipal.

Concluindo pela diferença de regimes entre funcionários públicos e titulares de cargos políticos – prossegue o mesmo alto Tribunal –, e encontrando-se o regime relativo aos crimes de responsabilidade cometidos por estes últimos no exercício das respectivas funções regulado pela lei nº 34/87, de 16 de Julho (nos termos do disposto naquele artigo 117º da Constituição), nota-se ainda, naquele parecer, que essa Lei Nº 34/87, apesar de prever como efeito da pena sempre a destituição do cargo ou a perda do mandato (artigos 28º e seguintes), não estabeleceu nenhum regime específico de medidas processuais coactivas, nomeadamente através da suspensão do exercício do cargo político em causa, e que não pode haver medidas de coacção lá onde a lei as não prevê. Daí decorre (...) a inaplicabilidade do artigo 199º do CPP aos titulares do cargo de presidente de câmara.

A imunidade dos titulares de cargos políticos face à referida medida de coacção tem plena justificação, sobretudo quando se trata, como é o caso, de *cargos electivos*. A razão de ser desse tratamento especial está justamente no facto de se tratar de cargos representativos, directa ou indirectamente saídos do sufrágio popular.

A lógica da situação legislativa – ainda segundo o Tribunal Constitucional, citando o referido parecer – está em não permitir que um mandato emergente do mandato popular seja suspenso ou perdido *senão a título de pena, em virtude de sentença condenatória definitiva por crimes praticados no exercício de funções*. Na realidade, dificilmente seria congruente com a proeminência do princípio democrático que o exercício de um mandato popular pudesse ser suspenso a título de medida cautelar ou preventiva em processo penal, ainda para mais antes mesmo da pronúncia definitiva pela prática de um crime.

Aliás – continua o mesmo alto Tribunal –, o próprio Código Penal dispõe, no nº 3 (actual nº 4) do artigo 386º, que "a equiparação a funcionário, para efeito da lei penal, de quem desempenhe funções políticas é regulada por lei especial", assim assumindo aquela diferenciação (do regime da função pública daquele próprio dos titulares de cargos políticos). Logo, não se pode entender que do Código Penal decorre – ou que este adopta – um *conceito lato* de

DAS MEDIDAS DE COACÇÃO E DE GARANTIA PATRIMONIAL

paternal, da tutela, da curatela, da administração de bens ou da emissão de títulos de crédito, sempre que a interdição do exercício respectivo ***possa*** vir a ser decretada como efeito do crime imputado[115].

funcionário capaz de abranger os titulares de cargos políticos, pois o que expressamente dele decorre é antes a exclusão dessa "equiparação", remetendo-a para lei especial quando deva ocorrer.

Por outro lado, mal se entenderia a pretendida exclusão dos titulares de cargos autárquicos – nomeadamente dos presidentes de câmara – desse regime especial, face a todos os restantes titulares de cargos políticos, não encontrando tal opção qualquer assento constitucional. (...) Ora, esta pretensa sujeição dos titulares de órgãos autárquicos – *in casu*, presidentes de câmara – à regra geral do artigo 199º do CPP suscita, desde logo, a questão de saber se uma norma do Código de Processo Penal, constante de um diploma elaborado pelo Governo ao abrigo de uma autorização legislativa, pode regular esta matéria sem incorrer em inconstitucionalidade orgânica, por violação da alínea *m*) do artigo 164º da Constituição, a qual estabelece a reserva absoluta de competência da Assembleia da República relativamente ao *estatuto dos titulares dos órgãos de soberania e do poder local, bem como dos restantes órgãos constitucionais ou eleitos por sufrágio directo e universal* (...), concluindo que, a norma constante do artigo 199º do Código de Processo Penal, se fosse interpretada no sentido de abranger os titulares de cargos políticos, *maxime* os titulares de órgãos representativos autárquicos, entraria em colisão com o disposto no citado artigo 164º, alínea *m*), da Constituição, na ausência de norma que para ela expressamente remeta, na lei que define o regime da responsabilidade criminal dos titulares de cargos políticos».

[115] Para melhor compreensão do nº 1, do art. 199º, do CPP, transcrevem-se a seguir os artigos 65º a 69º, do Código Penal, com aquele relacionados.

Código Penal, «Artigo 65º (*Princípios gerais*) 1. Nenhuma pena envolve como efeito necessário a perda de direitos civis, profissionais ou políticos. 2. A lei pode fazer corresponder a certos crimes a proibição do exercício de determinados direitos ou profissões».

«Artigo 66º (*Proibição do exercício de função*) 1. O titular de cargo público, funcionário público ou agente da Administração, que, no exercício da actividade para que foi eleito ou nomeado, cometer crime punido com pena de prisão superior a três anos, é também proibido do exercício daquelas funções por um período de dois a cinco anos quando o facto: *a*) For praticado com flagrante e grave abuso da função ou com manifesta e grave violação dos deveres que lhe são inerentes; *b*) Revelar indignidade no exercício do cargo; ou *c*) Implicar a perda da confiança necessária ao exercício da função. 2. O disposto no número anterior é correspondentemente aplicável às profissões ou actividades cujo exercício depender de título público ou de autorização ou homologação da autoridade pública. 3. Não conta para o prazo de proibição o tempo em que o agente estiver privado de liberdade por força de medida de coacção processual, pena ou medida de segurança. 4. Cessa o disposto nos números 1 e 2 quando, pelo mesmo facto, tiver lugar a aplicação de medida de segurança de interdição de actividade, nos termos do artigo 100º. 5. Sempre que o titular de cargo público, funcionário público ou agente da Administração, for condenado pela prática de crime, o tribunal comunica a condenação à autoridade de que aquele depender».

DAS MEDIDAS DE COACÇÃO

O despacho que aplicou a suspensão é comunicado à autoridade administrativa, civil ou judiciária normalmente competente para decretar a suspensão ou a interdição respectivas (art. 199º, nº 2), o que bem se compreende.

«Artigo 67º (*Suspensão do exercício de função*) 1. O arguido definitivamente condenado a pena de *prisão*, que não for demitido disciplinarmente de função pública que desempenhe incorre na suspensão da função enquanto durar o cumprimento da pena. 2. À suspensão prevista no número anterior ligam-se os efeitos que, de acordo com a legislação respectiva, acompanham a sanção disciplinar de suspensão do exercício de funções. 3. O disposto nos números anteriores é correspondentemente aplicável a profissões ou actividades cujo exercício depender de título público ou de autorização ou homologação da autoridade pública».

«Artigo 68º (*Efeitos da proibição e da suspensão do exercício de função*) 1. Salvo disposição em contrário, a proibição e a suspensão do exercício de função pública determinam a perda dos direitos e regalias atribuídos ao titular, funcionário ou agente, pelo tempo correspondente. 2. A proibição do exercício de função pública não impossibilita o titular, funcionário ou agente de ser nomeado para cargo ou para função que possam ser exercidos sem as condições de dignidade e confiança que o cargo ou a função de cujo exercício foi proibido exigem. 3. O disposto nos números anteriores é correspondentemente aplicável a profissões ou actividades cujo exercício depender de título público ou de autorização ou homologação da autoridade pública».

Artigo 69º (*Proibição de conduzir veículos com motor*) 1. É condenado na proibição de conduzir veículos com motor por um período fixado entre três meses e três anos quem for punido: *a*) Por crime previsto nos artigos 291º ou 292º; *b*) Por crime cometido com utilização de veículo e cuja execução tiver sido por este facilitada de forma relevante; ou *c*) Por crime de desobediência cometido mediante recusa de submissão às provas legalmente estabelecidas para detecção de condução de veículo sob o efeito de álcool, estupefacientes, substâncias psicotrópicas ou produtos com efeito análogo. 2. A proibição produz efeito a partir do trânsito em julgado da decisão e pode abranger a condução de veículos com motor de qualquer categoria. 3. No prazo de 10 dias a contar do trânsito em julgado da sentença, o condenado entrega na secretaria do tribunal, ou em qualquer posto policial, que remete àquela, o título de condução, se o mesmo não se encontrar já apreendido no processo. 4. A secretaria do tribunal comunica a proibição de conduzir à Direcção-Geral de Viação no prazo de 20 dias a contar do trânsito em julgado da sentença, bem como participa ao Ministério Público as situações de incumprimento do disposto no número anterior. 5. Tratando-se de título de condução emitido em país estrangeiro com valor internacional, a apreensão pode ser substituída por anotação naquele título, pela Direcção-Geral de Viação, da proibição decretada. Se não for viável a anotação, a secretaria, por intermédio da Direcção-Geral de Viação, comunica a decisão ao organismo competente do país que tiver emitido o título. 6. Não conta para o prazo da proibição o tempo em que o agente estiver privado de liberdade por força de medida de coacção processual, pena ou medida de segurança. 7. Cessa o disposto no nº 1 quando, pelo mesmo facto, tiver lugar a aplicação da cassação ou da interdição da concessão do título de condução, nos termos dos artigos 101º e 102º».

DAS MEDIDAS DE COACÇÃO E DE GARANTIA PATRIMONIAL

Sendo as medidas de coacção meios processuais penais limitadores da liberdade pessoal da pessoa visada, assumindo, por isso, natureza excepcional e atento ainda o disposto no art. 191º, nº 1 (princípio da legalidade das medidas de coacção) e art. 27º, nº 2, da CRP, a enumeração das suspensões a que se refere o nº 1, do art. 199º referido, é taxativa.

6. Proibição e imposição de condutas

Nos termos do art. 200º, do CPP, a medida de coacção de *proibição e imposição de condutas*, só pode ser aplicada quando houver fortes indícios de prática de crime doloso punível com pena de prisão de máximo superior a três anos.

Esta medida de coacção concretiza-se na imposição ao arguido das seguintes obrigações (alíneas *a*) a *f*), do nº 1, do art. 200º): *a) não permanecer, ou não permanecer sem autorização, na área de uma determinada povoação, freguesia ou concelho ou na residência onde o crime tenha sido cometido ou onde habitem os ofendidos seus familiares ou outras pessoas sobre as quais possam ser cometidos novos crimes; b) não se ausentar para o estrangeiro, ou não se ausentar sem autorização; c) não se ausentar da povoação, freguesia ou concelho do seu domicílio, ou não se ausentar sem autorização, salvo para lugares predeterminados, nomeadamente para o lugar do trabalho; d) não contactar, por qualquer meio, com determinadas pessoas ou não frequentar certos lugares ou certos meios e) não adquirir, não usar ou, no prazo que lhe for fixado, entregar armas ou outros objectos e utensílios que detiver, capazes de facilitar a prática de outro crime; f) se sujeitar, mediante prévio consentimento, a tratamento de dependência de que padeça e haja favorecido a prática do crime, em instituição adequada.*

As autorizações referidas nas alíneas anteriores podem, em caso de urgência, ser requeridas e concedidas verbalmente exclusivamente pelo juiz, lavrando-se cota no processo (nº 2).

A proibição de o arguido se ausentar para o estrangeiro implica a entrega à guarda do tribunal do passaporte que possuir e a comunicação às autoridades competentes, com vista à não concessão ou não renovação de passaporte e ao controlo das fronteiras (nº 3).

A enumeração das obrigações referidas é taxativa, podendo, no entanto, ser cumulativa ou separadamente aplicadas (nº 1, do art. 200º).

Como expressamente resulta da lei, esta medida de coacção só pode ser aplicada quando *houver **fortes indícios** de prática de crime doloso punível com pena de prisão de máximo superior a três anos*, e não meros indícios da prá-

DAS MEDIDAS DE COACÇÃO

tica de crime, o que significa que, face aos elementos de prova disponíveis seja possível formar a convicção sobre a séria probabilidade de condenação, não bastando, assim, que seja, apenas, mais provável a condenação do que a absolvição. A probabilidade de condenação há-de, pois, ser relevante, séria ou suficientemente importante, face à absolvição. Por outro lado, a forma de cometimento do crime tem de ser *dolosa* e não negligente.

A medida de coacção de *proibição e imposição de condutas* é cumulável com quaisquer outras medidas de coacção, à excepção da prisão preventiva e da obrigação de permanência na habitação, salvo a obrigação de não contacatr, por qualquer meio, com determinadas pessoas (al. *d*, do nº 1, do art. 200º), a qual é cumulável com esta (art. 201º, nº 2).

Em caso de violação de alguma das obrigações referidas, pode o juiz, tendo em conta a gravidade do crime imputado e os motivos da violação, impor ao arguido outra ou outras das medidas de coacção, incluindo a prisão preventiva ou a obrigação de permanência na habitação, desde que admissíveis no caso (art. 203º).

Esta medida de coacção visa, sobretudo, as finalidades das medidas de coacção indicadas nas alíneas *b*) e *c*) do art. 204º. Com efeito, uma das formas de evitar a continuação da actividade criminosa é a proibição de contactar com certas pessoas ou de frequentar certos lugares ou certos meios e para acautelar a perturbação da ordem e tranquilidade públicas pode ser adequada a proibição de permanecer na área de uma determinada povoação, freguesia ou concelho onde o crime tenha sido cometido ou onde residam os ofendidos[116].

Esta medida de coacção é necessariamente aplicada pelo juiz, como aliás, as restantes medidas de coacção, com excepção do termo de identidade e residência, como já se referiu. Durante o inquérito a requerimento do Ministério Público. Depois do inquérito mesmo oficiosamente, ouvido, no entanto, o Ministério Público (art. 194º, nº 1).

A aplicação desta medida (ou qualquer outra, excepto o termo de identidade e residência) por entidade diferente do juiz determina a sua **inexistência jurídica**, assistindo ao visado o exercício do **direito de resistência**, nos termos do art. 21º, da Constituição da República.

---

[116] Germano Marques da Silva, *ob. cit.*, vol. II, 4ª Edição, p. 332.

DAS MEDIDAS DE COACÇÃO E DE GARANTIA PATRIMONIAL

7. Obrigação de permanência na habitação

A medida de coacção *obrigação de permanência na habitação*, prevista no art. 201º, do CPP, só pode ser aplicada *se houver fortes indícios de prática de crime doloso punível com pena de prisão de máximo superior a três anos*.

A existência de fortes indícios da prática de crime *doloso* (e não negligente) punível com pena de prisão de máximo superior a três anos constitui, pois, o ***pressuposto específico*** da aplicação, pelo juiz, da obrigação de permanência na habitação.

A obrigação de permanência na habitação consiste na obrigação de o arguido *se não ausentar, ou de se não ausentar sem autorização, da habitação própria ou de outra em que de momento resida ou, nomeadamente, quando tal se justifique, em instituição adequada a prestar-lhe apoio social e de saúde* (art. 201º, nº 1).

A obrigação de permanência na habitação, para Odete Maria de Oliveira, consiste numa verdadeira "detenção domiciliária". Consequentemente, para a autora, a autorização prevista no art. 201º para que o arguido se ausente da habitação onde cumpre a obrigação de permanência deve ser meramente pontual[117]. Afasta-se, assim, e desde logo, a ideia da autorização de saída para trabalho regular.

Também Manuel Maia Gonçalves considera a obrigação de permanência na habitação uma medida afim da prisão preventiva, mas menos gravosa do que esta, sendo plausível configurá-la como uma prisão preventiva domiciliária, estando assim sujeita aos prazos da prisão preventiva (art. 218º, nº 3)[118].

---

[117] *As Medidas de Coacção no Novo Código de Processo Penal, Jornadas de Direito Processual Penal...,* cit., pp. 178-181. Elemento sistemático favorável a esta interpretação reside, segundo a autora, na circunstância de o legislador não ter salvaguardado, a título de exemplo, a possibilidade de autorização de saída para o local de trabalho, como o fez a propósito das medidas previstas nos arts. 198º e 200º, aliás de harmonia com o preceituado no art. 193º, nº 3 e considerando a importância da realização do direito ao trabalho.

O legislador – ainda segundo a autora – estimulado pela ideia fundamental da presunção de inocência do arguido e consciente dos aspectos negativos que o meio prisional induz, mantém ou reforça – e que a situação de prisão preventiva pode ainda agravar – concebeu a obrigação de permanência na habitação como uma medida de coacção capaz de responder eficazmente às exigências cautelares determinantes de uma prisão preventiva, sem alguns dos aspectos mais gravosos desta.

[118] *Código de Processo Penal Anotado,* cit., anotação ao art. 201º, p. 494.

DAS MEDIDAS DE COACÇÃO

O entendimento, segundo o qual a *obrigação de permanência na habitação*, consiste numa verdadeira *detenção domiciliária*, ou seja, numa privação da liberdade tipo *prisão preventiva domiciliária*, parece-nos indefensável, face ao estabelecido na Lei Fundamental, que não permite uma tal detenção ou privação da liberdade, como claramente resulta do disposto no art. 27º, nº 3, da CRP, devendo, por isso, ser rejeitado[119].

Consequentemente, a violação da obrigação de permanência na habitação não constitui o crime de evasão, p. p. pelo art. 352º do Código Penal, nem é admissível a guarda permanente da habitação por qualquer autoridade policial para impedir o incumprimento da medida, o que a acontecer representaria efectiva privação da liberdade fora dos casos em que a Constituição a admite[120].

Acresce que, nos termos do art. 193º, nº 4, *a execução das medidas de coacção e de garantia patrimonial não deve prejudicar o exercício de direitos fundamentais que não forem incompatíveis com as exigências cautelares que o caso requerer*, o

---

[119] *Constituição da República Portuguesa*, «Artigo 27º (*Direito à liberdade e à segurança*) 1. Todos têm direito à liberdade e à segurança. 2. Ninguém pode ser total ou parcialmente privado da liberdade, a não ser em consequência de sentença judicial condenatória pela prática de acto punido por lei com pena de prisão ou de aplicação judicial de medida de segurança. 3. Exceptua-se deste princípio a privação da liberdade, pelo tempo e nas condições que a lei determinar, nos casos seguintes: *a*) Detenção em flagrante delito; *b*) Detenção ou prisão preventiva por fortes indícios de prática de crime doloso a que corresponda pena de prisão cujo limite máximo seja superior a três anos; *c*) Prisão, detenção ou outra medida coactiva sujeita a controlo judicial, de pessoa que tenha penetrado ou permaneça irregularmente no território nacional ou contra a qual esteja em curso processo de extradição ou de expulsão; *d*) Prisão disciplinar imposta a militares, com garantia de recurso para o tribunal competente; *e*) Sujeição de um menor a medidas de protecção, assistência ou educação em estabelecimento adequado, decretadas pelo tribunal judicial competente; *f*) Detenção por decisão judicial em virtude de desobediência a decisão tomada por um tribunal ou para assegurar a comparência perante autoridade judiciária competente; *g*) Detenção de suspeitos, para efeitos de identificação, nos casos e pelo tempo estritamente necessários; *h*) Internamento de portador de anomalia psíquica em estabelecimento terapêutico adequado, decretado ou confirmado por autoridade judicial competente. 4. Toda a pessoa privada da liberdade deve ser informada imediatamente e de forma compreensível das razões da sua prisão ou detenção e dos seus direitos. 5. A privação da liberdade contra o disposto na Constituição e na lei constitui o Estado no dever de indemnizar o lesado nos termos que a lei estabelecer».

[120] Neste sentido, Germano Marques da Silva, *ob. cit.*, vol. II, 4ª Edição, pp. 333-334. Contra, Manuel Maia Gonçalves, *Código de Processo Penal ...*, *cit.*, anotação ao art. 201º, p. 494, ao defender que, sendo a obrigação de permanência na habitação uma privação da liberdade, a fuga efectiva da habitação integra o crime de evasão, previsto no art. 352º do CP.

DAS MEDIDAS DE COACÇÃO E DE GARANTIA PATRIMONIAL

que significa que, na aplicação desta medida devem ser especialmente ponderadas pelo juiz a situação pessoal, familiar, laboral ou social do arguido.

A obrigação de permanência na habitação é, pois, perfeitamente compatível com a autorização de o arguido se ausentar do local onde deva permanecer, nomeadamente para ir trabalhar ou estudar, fazer compras, apresentar-se às autoridades, submeter-se a tratamentos médicos, a internamento em estabelecimento de saúde, pois o que importa é acautelar as finalidades processuais prosseguidas com a sua aplicação e essa é a permanência do arguido num determinado local fixado pelo tribunal[121].

Também José António Barreiros entende que a obrigação de permanência na habitação não deverá ser decretada quando impeça o arguido de prover à sua própria sobrevivência, impossibilitando-o, designadamente, de adquirir bens alimentares, os quais só poderia encontrar no exterior[122].

Esta medida de coacção reveste-se de grande importância quer pela sua maleabilidade, quer pelo facto de poder ser aplicada em substituição da prisão preventiva.

A medida de coacção obrigação de permanência na habitação é cumulável com a obrigação de não contactar, por qualquer meio, com determinadas pessoas (art. 201º, nº 2), bem como com o termo de identidade e residência.

7.1. Fiscalização do cumprimento da obrigação de permanência na habitação: a vigilância electrónica

Para fiscalização do cumprimento da medida de coacção *obrigação de permanência na habitação* prevê, expressamente, o nº 3, do art. 201º, a utilização de *meios técnicos de controlo à distância, nos termos previstos na lei.*

O controlo à distância por meios técnicos encontra-se regulado pela Lei nº 33/2010, de 2 de Setembro[123].

---

[121] Também assim, Germano Marques da Silva, *ob. cit.*, II vol., 4ª Edição, p. 333.

[122] As medidas de Coacção e de Garantia Patrimonial no Novo Código de Processo Penal, *B.M.J.*, nº 371, 1987.

[123] Durante o período experimental a que se refere o art. 10º da Lei nº 122/99, de 20 de Agosto (entretanto revogada pela Lei nº 33/2010, de 2 de Setembro) e a Portaria nº 1462--B/2001, de 28 de Dezembro, os meios de vigilância electrónica para fiscalização do cumpri-

DAS MEDIDAS DE COACÇÃO

Nos termos do art. 2º da referida Lei, a vigilância electrónica pode ser efectuada por: *monitorização telemática posicional do arguido; verificação de voz; e de outros meios tecnológicos que venham a ser reconhecidos como idóneos.*

A vigilância electrónica é executada pela Direcção-Geral de Reinserção Social, devendo respeitar a dignidade da pessoa humana e os direitos e interesses jurídicos não afectados pela decisão que a aplicou (art. 9º, nº 1, e 3º, nº 1, da Lei nº 33/2010)[124].

A vigilância electrónica depende do consentimento do arguido. A utilização da vigilância electrónica depende ainda do consentimento das pessoas, maiores de 16 anos, que coabitem com o arguido (art. 4º, nºs 1 e 4, da Lei nº 33/2010).

O consentimento do arguido, que é revogável a todo o tempo, é prestado pessoalmente perante o juiz, na presença do defensor, sendo sempre reduzido a auto, salvo se a utilização dos meios de vigilância electrónica for requerida pelo arguido, caso em que o consentimento se considera prestado por simples declaração deste no referido requerimento (art. 4º, nºs 2, 3 e 6, da mesma Lei).

A decisão, precedida de audição do Ministério Público e do arguido, sobre a utilização de meios de vigilância electrónica é proferida por despacho do juiz, durante o inquérito, a requerimento do Ministério Público ou do arguido e depois do inquérito, oficiosamente ou a requerimento do arguido. Para o efeito, deve o juiz, solicitar previamente informação aos serviços de reinserção social sobre a situação pessoal, familiar, laboral ou social do arguido e a sua compatibilidade com as exigências da vigilância electrónica (art. 7º, números 1 a 3, da Lei nº 33/2010).

---

mento da obrigação de permanência na habitação, podiam ser mandados utilizar pelos tribunais competentes com jurisdição nas comarcas de Almada, Amadora, Barreiro, Cascais, Lisboa, Loures, Moita, Montijo, Oeiras, Seixal e Sintra e apenas relativamente aos arguidos cuja habitação própria ou outra em que no momento residissem se situasse em qualquer delas. As Portarias nºs 104/2003, de 27 de Janeiro, 1136/2003, de 2 de Outubro e 189/2004, de 26 de Fevereiro procederam ao alargamento do âmbito geográfico da experimentação da vigilância electrónica a outras comarcas. Finalmente, a Portaria nº 109/2005, de 27 de Janeiro, veio estabelecer a possibilidade da utilização dos meios de vigilância electrónica pelos tribunais competentes em todas as comarcas do território nacional.

[124] A vigilância electrónica, em vigor em alguns países europeus, designadamente na Inglaterra, consiste, por via de regra, em colocar nos arguidos pulseiras, deles inseparáveis, que transmitem ondas electrónicas para uma central, permitindo, assim, detectar permanentemente a sua localização.

DAS MEDIDAS DE COACÇÃO E DE GARANTIA PATRIMONIAL

A decisão que fixa a vigilância electrónica especifica os locais e os períodos de tempo em que esta é exercida, levando em conta, nomeadamente, o tempo de permanência na habitação e as autorizações de ausência estabelecidos na decisão de aplicação da medida de coacção (nº 4).

As ausências do local determinado para vigilância electrónica são autorizadas pelo juiz, podendo os serviços de reinserção social autorizar, excepcionalmente, que o arguido se ausente do local de vigilância electrónica quando estejam em causa motivos imprevistos e urgentes, por exemplo doença, nos termos do art. 11º, da Lei nº 33/2010.

A execução desta medida inicia-se após a instalação dos meios de vigilância electrónica, podendo o juiz, até ao início da execução, aplicar ao arguido as medidas de coacção que, entretanto, se mostrarem necessárias. O juiz pode associar à medida de coacção a obrigação de o arguido não contactar, por qualquer meio, com determinadas pessoas (art. 16º da Lei nº 33/2010).

O juiz, oficiosamente, de três em três meses, procede ao reexame das condições em que foi decidida a utilização da vigilância electrónica e à avaliação da sua execução, mantendo, alterando ou revogando a decisão, ouvindo, para o efeito, o Ministério Público e o arguido, considerando ainda o teor do relatório de execução trimestral, elaborado pelos serviços de reinserção social, com a periocidade trimestral e apresentado até cinco dias úteis antes do prazo para o respectivo reexame (arts 17º e 18º da Lei nº 33/2010).

Sobre o arguido recaem, em especial, os seguintes deveres (art. 6º, da Lei nº 33/2010): *a*) permanecer nos locais em que é exercida vigilância electrónica durante os períodos de tempo fixados; *b*) cumprir o definido no plano de reinserção social; *c*) cumprir as indicações que forem dadas pelos serviços de reinserção social; *d*) receber os serviços de reinserção social e cumprir as suas orientações, bem como responder aos contactos, nomeadmente por via telefónica, que por estes forem feitos durante os períodos de vigilância electrónica; *e*) contactar os serviços de reinserção social, com pelo menos três dias úteis de antecedência, sempre que pretenda obter autorização judicial para se ausentar excepcionalmente durante o período de vigilância electrónica, fornecendo para o efeito as informações necessárias; *f*) solicitar aos serviços de reinserção social autorização para se ausentar do local de vigilância electrónica quando estejam em causa motivos imprevistos e urgentes; *g*) apresentar justificação das ausências que ocorram durante os períodos de vigilância electrónica; *h*) abster-se de qualquer acto que possa afectar o normal funcionamento do equipamento de vigilância electrónica; *i*) contactar de imediato os serviços de reinserção social se ocorrerem anomalias que possam afectar o normal funcionamento do equipamento de vigilância electrónica, nomeadamente interrupções do fornecimento de electricidade ou das ligações telefónicas e *j*) permitir a remoção dos equipamentos pelos serviços de reinserção social após o termo da medida.

Os serviços de reinserção social deverão entregar ao arguido um documento onde constem os seus direitos e deveres a que fica sujeito, designadamente informação sobre os períodos de vigilância electrónica, bem como um guia de procedimentos a observar durante a respectiva execução (art. 5º, al. *b*), da Lei nº 33/2010).

A decisão que fixou a vigilância electrónica será rovogada quando: *a*) o arguido revogar o consentimento; *b*) o arguido danificar o equipamento de monitorização com intenção de impedir ou dificultar a vigilância ou, por qualquer forma, iludir os serviços de vigilância ou se eximir a esta; *d*) o arguido violar gravemente os deveres a que fica sujeito (art. 14º da Lei nº 33/2010).

7.2. Desconto na pena

Nos termos do art. 80º, do Código Penal, a *detenção*, a *prisão preventiva* e a *obrigação de permanência na habitação* são descontadas por inteiro no cumprimento da pena de prisão, ainda que tenham sido aplicadas em processo diferente daquele em que vier a ser condenado, quando o facto por que for condenado tenha sido praticado anteriormente à decisão final do processo no âmbito do qual as medidas foram aplicadas (nº 1).

Se for aplicada pena de *multa*, a *detenção*, a *prisão preventiva* e a *obrigação de permanência na habitação* são descontadas à razão de um dia de privação da liberdade por, pelo menos, um dia de multa (nº 2).

Nos termos do nº 1 do art. 80º do CP, o tempo de *detenção*, de *prisão preventiva* ou de *obrigação de permanência na habitação* a descontar, por inteiro, na pena que for aplicada ao arguido não é apenas o referente ao processo no âmbito do qual a medida foi aplicada e veio a ser condenado mas, também, o referente a qualquer outro processo, desde que o facto por que foi condenado tenha sido praticado antes da decisão final do processo no âmbito do qual as medidas foram aplicadas.

DAS MEDIDAS DE COACÇÃO E DE GARANTIA PATRIMONIAL

Com efeito, pode muito bem acontecer que o arguido sujeito a obrigação de permanência na habitação ou a prisão preventiva, no âmbito de determinado processo venha a ser condenado em processo diferente antes da decisão final daquele. Nesta situação, embora a medida de coacção tenha sido aplicada no âmbito de proceso diverso, procede-se ao desconto do tempo da medida de coacção já sofrido.

A razão reside no facto de, posteriormente, ser necessário proceder ao cúmulo jurídico das penas aplicadas em ambos os processos[125] e, caso não se tivesse procedido ao desconto na primeira condenação poderia suceder não poder mais ser descontado se entretanto a pena fosse cumprida ou o arguido viesse a ser absolvido no âmbito do processo em que lhe foi aplicada a medida de coacção[126].

Refira-se, finalmente, como salienta Germano Marques da Silva[127], que não existe um crédito de tempo de duração da medida de coacção sofrida injustamente, ou seja, o arguido que tenha sofrido uma medida de coacção injusta não fica com um crédito do tempo para descontar na pena em que seja condenado por crime que venha a cometer posteriormente. É necessário que o facto por que o arguido for condenado tenha sido praticado anteriormente à decisão final do processo no âmbito do qual as medidas foram aplicadas, remetendo-nos para o regime da punição do concurso de crimes (art. 77º do CP). Assim, se o arguido tiver anteriormente sofrido a medida de coacção de obrigação de permanência na habitação ou de prisão preventiva em processo transitado em julgado e posteriormente ao trânsito cometer novo crime, não há lugar ao

---

[125] *Código Penal*, «Artigo 77º *(Regras da punição do concurso)* 1. Quando alguém tiver praticado vários crimes antes de transitar em julgado a condenação por qualquer deles é condenado numa única pena. Na medida da pena são considerados, em conjunto, os factos e a personalidade do agente. 2. A pena aplicável tem como limite máximo a soma das penas concretamente aplicadas aos vários crimes, não podendo ultrapassar 25 anos tratando-se de pena de prisão e 900 dias tratando-se de pena de multa; e como limite mínimo a mais elevada das penas concretamente aplicadas aos vários crimes. 3. Se as penas aplicadas aos crimes em concurso forem umas de prisão e outras de multa, a diferente natureza destas mantém-se na pena única resultante da aplicação dos critérios estabelecidos nos números anteriores. 4. As penas acessórias e as medidas de segurança são sempre aplicadas ao agente, ainda que previstas por uma só das leis aplicáveis».

[126] Germano Marques da Silva, *ob. cit.*, II vol., 4ª Edição, pp. 335-336.

[127] *Ob. cit.*, II vol., 4ª Edição, p. 336.

DAS MEDIDAS DE COACÇÃO

desconto, ainda que a medida de coacção anteriormente sofrida se venha a revelar injusta.

8. Prisão preventiva

8.1. Conceito

A prisão preventiva é uma medida de coacção de natureza **excepcional**, necessariamente **provisória** ou **precária** e consiste na privação da liberdade individual, resultante de decisão judicial interlocutória.

A prisão preventiva tem natureza excepcional, uma vez que não pode ser decretada nem mantida sempre que possa ser aplicada caução ou outra medida mais favorável prevista na lei (art. 28º, nº 2, da Constituição da República). É necessariamente provisória ou precária, já que a mesma pode ser revogada, alterada, suspensa ou extinta (arts. 212º a 217º, do CPP). A aplicação da prisão preventiva resulta de decisão judicial interlocutória, uma vez que tem sempre lugar antes do trânsito em julgado da decisão judicial condenatória (ou absolutória).

A prisão preventiva é a mais grave das medidas de coacção previstas na lei.

8.2. Pressupostos específicos de aplicação

A prisão preventiva está prevista no art. 202º, do CPP, nos seguintes termos: «1. Se considerar inadequadas ou insuficientes, no caso, as medidas referidas nos artigos anteriores, o juiz pode impor ao arguido a prisão preventiva quando: *a*) Houver fortes indícios de prática de crime doloso punível com pena de prisão de máximo superior a 5 anos[128]; *b*) Houver fortes indícios da prática de crime doloso que corresponda a criminalidade violenta[129]; *c*) Houver fortes indícios de prática de crime doloso de terrorismo ou que corresponda a criminalidade altamente organizada

---

[128] Antes da revisão operada pela Lei nº 48/2007, de 29 de Agosto, a pena de prisão era de máximo superior a três anos.

[129] Esta alínea *b*) foi introduzida pela Lei nº 26/2010, de 30 de Agosto. Entende-se por «criminalidade violenta» as condutas que dolosamente se dirigirem contra a vida, a integridade física, a liberdade pessoal, a liberdade e autodeterminação sexual ou a autoridade pública e forem puníveis com pena de prisão de máximo igual ou superior a 5 anos (art. 1º, al. *j*), do CPP).

DAS MEDIDAS DE COACÇÃO E DE GARANTIA PATRIMONIAL

punível com pena de prisão de máximo superior a 3 anos[130]; *d*) Houver fortes indícios de prática de crime doloso de ofensa à integridade física qualificada, furto qualificado, dano qualificado, burla informática e nas comunicações, receptação, falsificação ou contrafacção de documento, atentado à segurança de transporte rodoviário, puníveis com pena de prisão de máximo superior a 3 anos[131]; *e*) Houver fortes indícios de prática de crime doloso de detenção de arma proibida, detenção de armas e outros dispositivos, produtos ou sbstâncias em locais proibidos ou crime cometido com arma, nos termos do regime jurídico das armas e suas munições, puníveis com pena de prisão de máximo superior a 3 anos[132]; *f*) Se tratar de pessoa que tiver penetrado ou permaneça irregularmente em território nacional, ou contra a qual estiver em curso processo de extradição ou de expulsão. 2. Mostrando-se que o arguido a sujeitar a prisão preventiva sofre de anomalia psíquica, o juiz pode impor, ouvido o defensor e, sempre que possível, um familiar, que, enquanto a anomalia persistir, em vez da prisão tenha lugar internamento preventivo em hospital psiquiátrico ou outro estabelecimento análogo adequado, adoptando as cautelas necessárias para prevenir os perigos de fuga e de cometimento de novos crimes».

Se o arguido a sujeitar a prisão preventiva sofrer de *anomalia psíquica*, o juiz pode impor-lhe, ouvido o defensor e, sempre que possível um familiar, que, enquanto a anomalia persistir, em vez da prisão, o *internamento preventivo tenha lugar em hospital psiquiátrico ou outro estabelecimento análogo adequado* (art. 202º, nº 2, do CPP).

[130] Esta alínea corresponde à alínea *b*) anterior, com pequenas alterações introduzidas pela Lei nº 26/2010, de 30 de Agosto. Entende-se por «criminalidade altamente organizada» as condutas que integrarem crimes de associação criminosa, tráfico de pessoas, tráfico de armas, tráfico de estupefacientes ou de substâncias psicotrópicas, corrupção, tráfico de influência, participação económica em negócio ou branqueamento (art. 1º, al. *m*), do CPP).

[131] Esta alínea foi introduzida pela Lei nº 26/2010, de 30 de Agosto. Alargou-se, pois, a admissibilidade da aplicação da prisão preventiva a determinados fenómenos criminais que atingem uma gravidade social elevada e cujas restantes medidas de coacção podem, em concreto, não ser suficientes para reagir às necessidades cautelares em concreto.

[132] Esta alínea prevê os casos que já admitiam a prisão preventiva, nos termos do regime jurídico das armas e suas munições, aprovado pela Lei nº 5/2006, de 23 de Fevereiro, alterada e republicada pela Lei nº 17/2009, de 6 de Maio, art. 95º-A, nº 5, cujo preceito legal foi muito bem revogado pela Lei nº 26/2010, de 30 de Agosto. Com efeito, a sede própria para a previsão e regulação desta matéria é o Código de Processo Penal e não a lei referida.

8.3. Competência para a aplicação da prisão preventiva

A prisão preventiva é necessariamente aplicada pelo juiz, como aliás, as restantes medidas de coacção, excepto o termo de identidade e residência, como já se referiu. Porém, durante o inquérito, o juiz só pode aplicar a prisão preventiva (ou qualquer outra medida, com excepção do termo de identidade e residência) se for requerida pelo Ministério Público. Depois do inquérito pode aplicá-la oficiosamente devendo, no entanto, para o efeito, ouvir o Ministério Público (art. 194º, nº 1, do CPP).

A aplicação desta medida (ou qualquer outra, excepto o termo de identidade e residência) por entidade diferente do juiz determina a sua *inexistência jurídica*, assistindo ao visado o exercício do ***direito de resistência***, nos termos do art. 21º, da Constituição da República.

8.4. Suspensão da execução da prisão preventiva

Em caso de doença grave do arguido, de gravidez ou de puerpério, a execução da prisão preventiva pode ser suspensa, por despacho do juiz, cessando esta logo que deixarem de verificar-se as circunstâncias que a determinaram e, de todo o modo, no caso de puerpério, quando se esgotar o terceiro mês posterior ao parto. Durante o período de suspensão da execução da prisão preventiva o arguido fica sujeito à medida de coacção *obrigação de permanência na habitação* e a quaisquer outras que se revelarem adequadas ao seu estado e compatíveis com ele, nomeadamente a de internamento hospitalar (art. 211º, do CPP).

Refira-se que, compete ao juiz a apreciação, em concreto, das circunstâncias que justificam a necessidade da suspensão da execução da prisão preventiva, uma vez que não se trata de uma suspensão *ope legis*.

8.5. Desconto na pena: remissão

Sobre o desconto do tempo de prisão preventiva no cumprimento da pena de prisão que for aplicada ao arguido, tem aqui pleno cabimento o que escrevemos a propósito da obrigação de permanência na habitação, para aí remetemos.

9. Violação das obrigações impostas por aplicação de uma medida de coacção

Estabelece o nº 1 do art. 203º que, *em caso de violação das obrigações impostas por aplicação de uma medida de coacção, o juiz, tendo em conta a gravidade do*

DAS MEDIDAS DE COACÇÃO E DE GARANTIA PATRIMONIAL

crime imputado e os motivos da violação, pode impor outra ou outras das medidas de coacção previstas neste Código e admissíveis no caso, desde que respeite as determinações quanto à cumulação de medidas estipuladas no próprio Código.

Como é defendido por Germano Marques da Silva[133], a previsão do art. 203º não se refere ao incumprimento dos deveres processuais que a aplicação das medidas de coacção visa acautelar, mas tão-só ao incumprimento das obrigações resultantes da sujeição à medida de coacção aplicada ao arguido[134].

Prevê, pois, o nº 1 do art. 203º aludido, a possibilidade de aplicação de outras medidas de coacção caso se verifique a violação das obrigações impostas por medida de coacção anteriormente aplicada.

As medidas de coacção a aplicar ao arguido no caso de violação das obrigações impostas por medida anteriormente aplicada deverão ser as que se revelem adequadas e *legalmente admissíveis* face ao crime indiciado, por força do princípio da adequação, que deve presidir à aplicação das medidas de coacção como já referimos supra, podendo o juiz, sem prejuízo do disposto nos nºs 2 e 3 do artigo 193º, impor ao arguido a *prisão preventiva*, desde que ao crime indiciado caiba pena de prisão de máximo superior a 3 anos (nº 2, al. *a*) do referido art. 203º).

Pode ainda o juiz impor ao arguido a prisão preventiva quando houver fortes indícios de que, após a aplicação de medida de coacção, o arguido cometeu crime doloso da mesma natureza, punível com pena de prisão de máximo superior a 3 anos (nº 2, al. *b*), do mesmo preceito legal[135]).

A violação das obrigações impostas deve ser apreciada pelo juiz em concreto, atendendo à *gravidade do crime imputado e os motivos da violação* (art. 203º), que podem ser de tal modo relevantes que tornam a violação justificável ou desculpável.

---

[133] *Ob. cit.*, vol. II, 4ª Edição, p. 341.

[134] Por exemplo, o incumprimento das obrigações constantes nas alíneas *a*) a *f*), do nº 1 do art. 200º, da obrigação de apresentação a determinado órgão de polícia criminal, nos dias e horas preestabelecidos pelo juiz (art. 198º), etc.

[135] O número 2 referido, introduzido pela reforma operada pela Lei nº 48/2007, de 29 de Agosto, foi substancialmente alterado pela Lei nº 26/2010, de 30 de Agosto.

Secção III
Revogação, Substituição, Extinção e Prazos de Duração das Medidas de Coacção

1. Revogação e substituição das medidas de coacção. Recurso da decisão de manutenção da prisão preventiva ou da obrigação de permanência na habitação

Sendo as medidas de coacção meios processuais limitadores da liberdade pessoal, que visam assegurar finalidades de *natureza meramente cautelar* num concreto processo penal em curso, compreende-se que estas só devam manter-se enquanto necessárias ao prosseguimento de tais finalidades. Assim, sempre que se verifique alteração das circunstâncias que legitimaram a sua aplicação, devem as mesmas ser revogadas ou substituídas por outras.

A este propósito e atendendo ao disposto nº 3 do art. 212º, segundo o qual *quando se verificar uma **atenuação das exigências** cautelares que determinaram a aplicação de uma medida de coacção, o juiz substitui-a por outra menos grave ou determina uma forma menos gravosa da sua execução*, coloca-se a questão de saber se as medidas de coacção podem ser substituídas por outras mais graves, *maxime* a prisão preventiva. Embora a lei não seja clara a este respeito, não vemos nenhum impedimento à substituição das medidas de coacção por outras mais graves, incluindo a prisão preventiva e a obrigação de permanência na habitação, desde que as circunstâncias o justifiquem, e sejam legalmente admissíveis no caso. É o que parece resultar do disposto no nº 2, do art. 212º ao estatuir que *as medidas revogadas podem de novo ser aplicadas, sem prejuízo da unidade dos prazos que a lei estabelecer, se sobrevierem motivos que legalmente justifiquem a sua aplicação.*

Ora, a nosso ver, se uma medida revogada pode de novo voltar a ser aplicada, não se compreenderia que não pudesse revogar-se uma medida e aplicar outra diferente, ainda que mais grave, se as circunstâncias o justificarem. Aliás, é princípio geral que as medidas de coacção podem ser aplicadas em qualquer fase do processo, até à execução, por isso, se necessárias, nada parece existir que impeça a sua aplicação, ainda

DAS MEDIDAS DE COACÇÃO E DE GARANTIA PATRIMONIAL

que em conjugação com outra ou outras já aplicadas ou em sua substituição[136-137].

Nos casos em que se verifique uma *atenuação das exigências cautelares* que determinaram a aplicação de uma medida de coacção, o juiz substitui-a por outra menos grave ou determina uma forma menos gravosa da sua execução, art. 212º, nº 3, o que bem se compreende, devido ao princípio da *adequação*, que preside à aplicação das medidas de coacção (art. 193º, nº 1).

Quanto à **revogação** das medidas de coacção, dispõe o nº 1, do referido art. 212º que elas são imediatamente revogadas, por despacho do juiz, sempre que se verificar: *a) Terem sido aplicadas fora das hipóteses ou das condições previstas na lei; b) terem deixado de subsistir as circunstâncias que justificaram a sua aplicação.*

A revogação e a substituição das medidas de coacção, têm lugar oficiosamente a todo o tempo ou a requerimento do Ministério Público ou do arguido, devendo estes, em obediência ao princípio do contraditório[138], ser ouvidos, salvo nos casos de impossibilidade devidamente fun-

---

[136] Neste sentido, Germano Marques da Silva, *ob. cit.*, vol. II, 4ª Edição, p. 344.

[137] Também assim, Manuel Maia Gonçalves, *Código de Processo Penal...*, *cit.*, anotação ao art. 212º, p. 511, ao referir: «O facto de terem deixado de subsistir as circunstâncias que justificaram a aplicação de uma medida de coacção não obsta, como é óbvio, a que sobrevenham motivos que voltem a justificar a aplicação dessa medida, *maxime* da prisão preventiva. Daí o normativo constante do nº 2. (...) A previsão deste artigo – 212º – abrange os casos de revogação das medidas de coacção e da sua substituição por outras menos gravosas. Daqui não deve tirar-se a ilação de que a lei rejeita a possibilidade de aplicação de medida de coacção mais gravosa, em substituição da que já foi aplicada. Para tanto bastará que surja novo circunstancialismo que dê fundamento legal à aplicação dessa medida mais gravosa...».

[138] A discussão *contraditória* constitui uma característica fundamental de um processo penal de estrutura *acusatória*.

O princípio do contraditório é, pois, um princípio fundamental do processo penal na produção e valoração da prova e tem assento constitucional.

Na verdade, dispõe o nº 5, do art. 32º, da Constituição da República Portuguesa que, *o processo criminal tem* estrutura *acusatória, estando a audiência de julgamento e os actos instrutórios que a lei determinar subordinados ao princípio do contraditório.*

A consagração constitucional do princípio do contraditório, recorrendo às palavras de Gomes Canotilho e Vital Moreira, *ob. cit.*, p. 266, significa que: *a)* o juiz tem o dever e o direito de ouvir as razões das partes (da acusação e da defesa) em relação a assuntos sobre os quais tenha de proferir uma decisão; *b)* direito de audiência de todos os sujeitos processuais que possam vir a ser afectados pela decisão, de forma a garantir-lhes uma influência efectiva

DAS MEDIDAS DE COACÇÃO

damentada, através da especificação dos motivos de facto e de direito da decisão (art. 97º, nº 5). Se, porém, o requerimento do arguido for considerado manifestamente infundado haverá lugar a condenação do mesmo no pagamento de uma soma entre seis e vinte UCs. (art. 212º, nº 4).

O requerimento é manifestamente infundado se foi feito de má fé ou com grave negligência, ou seja, o arguido tinha conhecimento ou pelo menos não podia desconhecer que, atendendo às circunstâncias concretas, o mesmo seria indeferido.

Atendendo à gravidade da prisão preventiva e da obrigação de permanência na habitação e à sua natureza excepcional e subsidiária, prevê o nº 1, do art. 213º, do CPP que, durante a sua execução, *o juiz procede oficiosamente ao reexame dos pressupostos da prisão preventiva ou da obrigação de permanência na habitação, decidindo se elas são de manter ou devem ser substituídas ou revogadas: a) No prazo máximo de três meses a contar da data da sua aplicação*

no desenvolvimento do processo; *c)* em particular, direito do arguido de intervir no processo e de se pronunciar e contraditar todos os testemunhos, depoimentos ou outros elementos de prova ou argumentos jurídicos trazidos ao processo, o que impõe designadamente que ele seja o último a intervir no processo.

Este princípio, como refere Germano Marques da Silva, *ob. cit.* vol. I, p. 38, traduz o *direito* que tem a acusação e a defesa de se pronunciarem sobre as alegações, as iniciativas, os actos ou quaisquer atitudes processuais de qualquer delas e traduz-se na estruturação da audiência em termos de um debate ou discussão entre a acusação e a defesa. Cada um destes sujeitos é chamado a aduzir as suas razões de facto e de direito, a oferecer as suas provas, a controlar as provas contra si oferecidas e a discretear sobre o resultado de umas e outras.

Este princípio define, assim, as "regras do jogo" a observar na audiência de julgamento de modo a proporcionar a igualdade material de armas no processo, entre acusação e defesa.

O princípio do contraditório tem grande importância. Desde logo, como salienta Germano Marques da Silva, *ob. cit.*, vol. I, p. 38, porque se as provas hão-de ser objecto de apreciação em contraditório na audiência, fica excluída a possibilidade de decisão com base em elementos de prova que nela não tenham sido apresentados e discutidos.

O princípio do contraditório tem consagração expressa para os meios de prova apresentados em audiência (art. 327º, nº 2, do CPP).

Dispõe ainda o nº 5, do art. 32º, da CRP, que ficam também subordinados ao princípio do contraditório «*os actos instrutórios que a lei determinar...*». Estes actos são o *debate instrutório*, que tem lugar na fase *da instrução*, os meios de prova discutidos durante o mesmo debate e ainda as *declarações para memória futura* (artigos 298º, 301º, nº 2, 294º e 271º, nº 3, do CPP) mas já não a prova produzida fora do *debate instrutório*, mas ainda no âmbito da fase da instrução, como inequivocamente resulta dos artigos 290º e 291º, do mesmo Código e, na *fase do inquérito*, apenas as *declarações para memória futura* estão subordinadas ao aludido princípio do contraditório, como resulta do disposto do art. 271º, nº 3, do mesmo diploma legal.

DAS MEDIDAS DE COACÇÃO E DE GARANTIA PATRIMONIAL

ou do último reexame[139]*; e b) Quando no processo forem proferidos despacho de acusação ou de pronúncia ou decisão que conheça, a final, do objecto do processo e não determine a extinção da medida aplicada*, devendo o juiz, sempre que necessário, ouvir o Ministério Público e o arguido[140] (nº 3, do mesmo preceito legal).

Determina o nº 2 que, na decisão referida, ou sempre que necessário, o juiz verifica os fundamentos da elevação dos prazos da prisão preventiva ou da obrigação de permanência na habitação nos termos e para os efeitos do disposto nos nºs 2, 3 e 5 do artigo 215º e no nº 3 do artigo 218º (que estabelecem os prazos de duração máxima destas medidas).

O reexame *oficioso* da subsistência dos pressupostos da prisão preventiva e da obrigação de permanência na habitação, não significa que tenha de ser efectuado, pelo juiz, em períodos certos de 3 meses, mas sim que entre cada apreciação, que pode ter acontecido em consequência de algum requerimento do arguido ou promoção do Ministério Público, e a seguinte não medeiam mais de 3 meses[141].

O reexame oficioso também tem lugar *quando no processo forem proferidos despacho de acusação ou de pronúncia ou decisão que conheça, a final, do objecto do processo e não determine a extinção da medida aplicada*, o que se compreende uma vez que, em todos estes casos, tem lugar um novo juízo ou uma nova ponderação sobre os factos imputados ao arguido e a sua responsabilidade penal, justificando-se, assim, o reexame sobre a subsistência ou não dos pressupostos que justificaram a aplicação das medidas de coacção referidas.

---

[139] Acórdão do Plenário das secções criminais do Supremo Tribunal de Justiça, de 24 de Janeiro de 1996, publicado no *DR*, I-A série, de 14 de Março de 1996: «A prisão preventiva deve ser revogada ou substituída por outra medida de coacção logo que se verifiquem circunstâncias que tal justifiquem, nos termos do artigo 212º do Código de Processo Penal, independentemente do reexame trimestral dos seus pressupostos, imposto pelo artigo 213º do mesmo diploma».

[140] O Tribunal da Relação de Lisboa, Acórdão de 29 de Setembro de 1999, *CJ*, ano XXIV, tomo 4, p. 145, considerou que, quando haja de proceder-se ao reexame dos pressupostos da prisão preventiva e o juiz considere desnecessária a audição prévia do Ministério Público ou do arguido, deverá fundamentar devidamente essa desnecessidade. A falta dessa fundamentação constitui nulidade insanável.

[141] Neste sentido, Germano Marques da Silva, *ob. cit.*, vol. II, 4ª Edição, p. 345, e Acórdão do *STJ* de 27 de Outubro de 1994, proc. 51/94.

A *decisão que conheça, a final, do objecto do processo e não determine a extinção da medida aplicada*, é a decisão condenatória não transitada. No que se refere à acusação, concordamos com Germano Marques da Silva[142] ao sustentar que só há lugar a reexame oficioso quando no processo for proferido despacho de acusação se não for requerida a instrução, caso em que será na sequência deste despacho que tem lugar o reexame.

A fim de fundamentar as decisões sobre a manutenção, substituição ou revogação da prisão preventiva ou da obrigação de permanência na habitação, o juiz, oficiosamente ou a requerimento do Ministério Público ou do arguido, pode solicitar a elaboração de perícia sobre a personalidade e de relatório social ou de informação dos serviços de reinserção social, desde que o arguido consinta na sua realização (art. 213, nº 4).

Estabelece o nº 5 do mesmo art. 213º que, a decisão que mantenha a prisão preventiva ou a obrigação de permanência na habitação é susceptível de **recurso** nos termos gerais, mas não determina a inutilidade superveniente de recurso interposto de decisão prévia que haja aplicado ou mantido a medida em causa, consagrando, assim, solução contrária à da jurisprudência dominante, no que concerne à inutilidade superveniente do recurso.

Quanto à legitimidade para recorrer, só o arguido e o Ministério Público podem interpor recurso da decisão que aplicar, mantiver ou substituir as medidas de coacção, a julgar no prazo máximo de 30 dias a contar do momento em que os autos forem recebidos, nos termos do art. 219º, nº 1.

No que respeita à não inutilidade superveniente de recurso interposto de decisão prévia que haja aplicado ou mantido a medida de coacção, Germano Marques da Silva chama, justamente, a atenção para a questão de saber qual a decisão que prevalece: a decisão do recurso ou a decisão subsequente à recorrida, uma vez que a lei não toma posição expressa, entendendo o insigne mestre que, a decisão que prevalece deve ser a última proferida, ou seja, a decisão proferida no recurso. Impõe-no o princípio da prevalência das decisões dos tribunais superiores e, a não ser assim, poderia suceder que a decisão posterior à recorrida mantivesse a medida de coacção por considerar manterem-se os pressupostos que fundamentaram a decisão recorrida e o tribunal de recurso

---

[142] *Ob. cit.*, vol. II, 4ª Edição, p. 346.

entender que esses pressupostos se não mantinham. A orientação deve ser outra se o novo despacho revogar ou alterar a medida, caso em que ocorrerá inutilidade superveniente ou a decisão do recurso será ineficaz, seguindo-se, pois, os princípios gerais[143].

2. Extinção das medidas de coacção

Nos termos do art. 214º, números 1 e 2, do CPP, as medidas de coacção extinguem-se de imediato nos seguintes casos:

a) Com o arquivamento do inquérito.

Com o arquivamento do inquérito[144] comprende-se que haja lugar à extinção das medidas de coacção, na medida em que, no entender do Ministério Público, não se verificam os pressupostos para submissão do arguido a julgamento e a uma eventual condenação, não se justificando, assim, a manutenção da medida de coacção, uma vez que não existem fins processuais a acautelar.

b) Com a prolação do despacho de não pronúncia.

O despacho de não pronúncia, proferido findo o debate instrutório[145] (art. 307º, do CPP), encerra a fase de instrução, com o consequente não recebimento da acusação[146], justificando-se, assim, a extinção das medidas de coacção com a prolação do despacho referido.

---

[143] *Ob. cit.*, vol. II, 4ª Edição, p. 347.

[144] *Código de Processo Penal*, «Artigo 277º *(Arquivamento do inquérito)* 1. O Ministério Público procede, por despacho, ao arquivamento do inquérito, logo que tiver recolhido prova bastante de se não ter verificado crime, de o arguido não o ter praticado a qualquer título ou de ser legalmente inadmissível o procedimento. 2. O inquérito é igualmente arquivado se não tiver sido possível ao Ministério Público obter indícios suficientes da verificação de crime ou de quem foram os agentes».

[145] O debate instrutório visa permitir uma discussão perante o juiz, por forma oral e contraditória, sobre se, do decurso do inquérito e da instrução, resultam indícios de facto e elementos de direito suficientes para justificar a submissão do arguido a julgamento, no qual podem participar o Ministério Público, o arguido, o defensor, o assistente e o seu advogado, mas não as partes civis (arts. 298º e 289º, nº 1, do CPP).

[146] *Código de Processo Penal*, «Artigo 308º *(Despacho de pronúncia ou de não pronúncia)* 1. Se, até ao encerramento da instrução, tiverem sido recolhidos indícios suficientes de se terem verificado os pressupostos de que depende a aplicação ao arguido de uma pena ou de uma medida de segurança, o juiz, por despacho, pronuncia o arguido pelos factos respectivos; caso contrário, profere despacho de não pronúncia».

c) Com a prolação do despacho que rejeitar a acusação, nos termos do artigo 311º, nº 2, alínea a).

Nos casos em que o inquérito culminou com a dedução de acusação, e não tendo sido requerida a abertura da instrução (nos termos do art. 287º, do CPP), o processo é logo remetido para julgamento. Recebidos os autos no tribunal, o presidente, despacha no sentido: *a) rejeitar a acusação, se a considerar manifestamente infundada* (art. 311º, nº 2, al. *a*), referido). A acusação é considerada manifestamente infundada: *a) quando não contenha a identificação do arguido; b) quando não contenha a narração dos factos; c) se não indicar as disposições legais aplicáveis ou as provas que a fundamentam; ou d) se os factos não constituírem crime* (art. 311º, nº 3, do CPP).

Trata-se, pois, de um despacho preliminar da fase de julgamento que, uma vez proferido, extingue as medidas de coacção.

d) Com a sentença absolutória, mesmo que dela tenha sido interposto recurso.

No caso de, em sede de julgamento, ser proferida sentença absolutória, a medida de coacção extingue-se, mesmo que da sentença tenha sido interposto recurso.

Não obstante, neste caso, o processo dever prosseguir, compreende-se e justifica-se, plenamente, este regime, uma vez que, como referimos supra[147], *nenhuma medida de coacção é aplicada quando houver fundados motivos para crer na existência de causas de isenção da responsabilidade ou de extinção do procedimento criminal,* devendo ainda ser *adequadas às exigências cautelares que o caso requerer e proporcionais à gravidade do crime e às sanções que previsivelmente venham a ser aplicadas* (art. 192º, nº 2 e 193º, nº 1, do CPP). Assim sendo, a sentença absolutória não pode deixar de ser considerada como um fundado motivo para crer na existência de causas de afastamento da responsabilidade penal do arguido e, consequentemente, que nenhuma sanção lhe será aplicada.

Se, neste caso, o arguido vier a ser posteriormente condenado, no mesmo processo, pode, enquanto a sentença condenatória não transitar em julgado, ser sujeito de novo a medidas de coacção admissíveis no caso (art. 214º, nº 3).

---

[147] A propósito das condições gerais de aplicação das medidas de coacção.

e) Com o trânsito em julgado da sentença condenatória.

Com o trânsito em julgado da sentença condenatória inicia-se o cumprimento da pena, extinguindo-se, consequentemente, as medidas de coacção. Se, no entanto, a medida de coacção for a de **caução** e o arguido vier a ser condenado em prisão, aquela só se extingue com o início da **execução** da pena (art. 214º, nº 4).

A prisão preventiva e a obrigação de permanência na habitação extinguem-se igualmente de imediato quando tiver lugar *sentença condenatória, ainda que dela tenha sido interposto recurso*, se a pena aplicada não for superior à prisão ou à obrigação de permanência na habitação já sofridas (art. 214º, nº 2).

Este regime é consequência do disposto no art. 80º, nº 1, do Código Penal: «*A detenção, a prisão preventiva e a obrigação de permanência na habitação sofridas pelo arguido são descontadas por inteiro no cumprimento da pena de prisão, ainda que tenham sido aplicadas em processo diferente daquele em que vier a ser condenado, quando o facto por que for condenado tenha sido praticado anteriormente à decisão final do processo no âmbito do qual as medidas foram aplicadas*».

Ora, se o tempo de duração da prisão preventiva ou da obrigação de permanência na habitação, sofridas pelo arguido, há-de ser descontado integralmente na pena aplicada, compreende-se que tais medidas se extingam se a pena aplicada é igual ou inferior ao tempo de prisão preventiva ou de obrigação de permanência na habitação, já sofridas pelo arguido.

De referir ainda que as medidas de coacção extinguem-se ainda com o decurso dos prazos máximos da sua duração, nos termos dos arts. 215º e 218º, do CPP.

3. Prazos de duração das medidas de coacção

3.1. Prazos de duração máxima da prisão preventiva

O nº 4, do art. 28º, da Constituição da República impõe a sujeição da prisão preventiva *aos prazos estabelecidos na lei.*

O art. 215º do Código de Processo Penal, dando cumprimento à imposição constitucional, estabelece os prazos de duração máxima da prisão preventiva, tendo em conta determinadas circunstâncias: a prática de determinados actos processuais (art. 215º, nº 1), a gravidade dos

DAS MEDIDAS DE COACÇÃO

crimes imputados (nº 2, do art. 215º), a excepcional complexidade do procedimento, devido, nomeadamente, ao número de arguidos ou de ofendidos ou o carácter altamente organizado do crime (nº 3, do art. 215º), a interposição de recurso para o Tribunal Constitucional e a suspensão do processo para julgamento em outro tribunal de questão prejudicial (nº 5, do mesmo preceito legal).

A prisão preventiva extingue-se quando, desde o seu início, tiverem decorrido (art. 215º, nº 1):

– **Quatro meses** sem que tenha sido deduzida acusação;
– **Oito meses** sem que, havendo lugar a instrução, tenha sido proferida decisão instrutória;
– **Um ano e dois meses** sem que tenha havido condenação em primeira instância;
– **Um ano e seis meses** sem que tenha havido condenação com trânsito em julgado.

Estes prazos são elevados para **6 meses**, **10 meses**, **1 ano e 6 meses** e **2 anos**, respectivamente, em casos de *terrorismo, criminalidade violenta ou altamente organizada*[148], ou quando se proceder por crime punível com pena de prisão de máximo superior a oito anos, ou ainda pelos seguintes crimes: *a)* previstos nos artigos 299º (Associação criminosa), no nº 1 do artigo 318º (Meios de prova de interesse nacional), nos artigos 319º (Infidelidade diplomática), 326º (Incitamento à guerra civil ou à alteração violenta do Estado de direito), 331º (Ligações com o estrangeiro) e no nº 1 do artigo 333º (Coacção contra órgãos constitucionais), todos do Código Penal) e nos artigos 30º, 79º e 80º, do Código de Justiça Militar, aprovado pela Lei nº 100/2003, de 15 de Novembro; *b)* furto de veículos ou de falsificação de documentos a eles respeitantes ou de elementos identificadores de veículos; *c)* falsificação de moeda, títulos de crédito, valores selados, selos e equiparados ou da respectiva passagem; *d)* burla, insolvência dolosa (e não negligente), administração danosa do sector público ou cooperativo, falsificação, corrupção, peculato ou de participação económica em negócio; *e)* branqueamento de vantagens de prove-

---

[148] Sobre casos de terrorismo, criminalidade violenta ou altamente organizada, vide art. 1º, als. *i)*, *j)* e *m)*, do CPP.

DAS MEDIDAS DE COACÇÃO E DE GARANTIA PATRIMONIAL

niência ilícita; *f)* fraude na obtenção ou desvio de subsídio, subvenção ou crédito; *g)* abrangido por convenção sobre segurança da navegação aérea ou marítima (n.º 2, do art. 215º).

Se, porém, o procedimento criminal por um destes crimes se revelar de **excepcional complexidade**, devido, nomeadamente, ao número de arguidos ou de ofendidos ou ao carácter altamente organizado do crime (são os casos dos designados mega processos), os prazos de **quatro meses, oito meses, um ano e dois meses** e **um ano e seis**, a que se refere o n.º 1, do art. 215º, são ainda elevados para **um ano, um ano e quatro meses, dois anos e seis meses** e **três anos e quatro meses**, respectivamente (n.º 3, do art. 215º).

A *excepcional complexidade*, apenas pode ser declarada durante a primeira instância, nas fases de inquérito, de instrução e julgamento, por despacho fundamentado do juiz, o qual possui competência exclusiva para o efeito, uma vez que, a elevação dos prazos referidos também o é, oficiosamente ou a requerimento do Ministério Público, ouvidos o arguido e o assistente[149] (n.º 4 do art. 215º). Compreende-se que a excepcional complexidade deva ser declarada durante a 1ª instância, fase essencialmente de investigação. Se durante as referidas fases não houve razões para declarar a *excepcional complexidade* do processo, muito menos haverá nas fases de recurso em que a prova a produzir é inexistente ou mínima.

Os prazos de **um ano e dois meses** e **um ano e seis meses** (alíneas *c)* e *d)*, do n.º 1, do at.º 215º), bem como os correspondentemente referidos nos números 2 e 3, do mesmo preceito legal, ou seja, os prazos de **um ano e seis meses** e **dois anos** (n.º 2), e **dois anos e seis meses** e **três anos e quatro**

---

[149] «I – Para a qualificação de um processo como de excepcional complexidade é necessária a prolação de um despacho fundamentado nesse sentido, por forma a definir com precisão os prazos de subsistência da prisão preventiva a que o arguido pode estar sujeito. II – Por não haver prazo para a prolação desse despacho, pode ele surgir a qualquer momento do processo e produzir os efeitos adequados a partir desse momento, nomeadamente a validação da prisão preventiva. III – Desse despacho deve ser dado conhecimento ao arguido, podendo ele impugná-lo, querendo. IV – Qualificado por despacho o processo como de excepcional complexidade, são de aplicar os prazos de duração da prisão preventiva alargada, não se podendo então falar de prisão ilegal justificativa da providência de *habeas corpus* (Acórdão do STJ, de 11 de Abril de 1991, *CJ*, XVI, tomo II, p. 20).

DAS MEDIDAS DE COACÇÃO

meses (nº 3), são ainda acrescentados de *seis meses* se tiver havido recurso para o Tribunal Constitucional ou se o processo penal tiver sido suspenso para julgamento em outro tribunal de questão prejudicial (nº 5, do art. 215º, referido).

Estabelece o nº 6, do mesmo preceito legal que, *no caso de o arguido ter sido condenado a pena de prisão em primeira instância e a sentença condenatória ter sido confirmada em sede de recurso ordinário, o prazo máximo da prisão preventiva eleva-se para metade da pena que tiver sido fixada.*
O presente preceito legal exige *confirmação da sentença condenatória*, suscitando dúvidas relativamente aos casos de inexistência de confirmação da sentença ou de provimento do recurso interposto pelo arguido condenado. Exemplo: *A* foi condenado em primeira instância por homicídio qualificado, com a pena de prisão de 18 anos (art. 132º do Código Penal). Interposto recurso, invocando a inexistência da circunstância qualificativa, obteve provimento no recurso, sendo-lhe a pena reduzida para 14 anos de prisão. Interposto novo recurso, desta feita para o STJ ou para o Tribunal Constitucional, qual o prazo de prisão preventiva, apesar da sentença condenatória não ter sido confirmada? Ao que parece, o prazo máximo da prisão preventiva será de 7 anos, metade da pena que foi fixada pelo tribunal de recurso, apesar de não ter havido confirmação da sentença, mas antes provimento do recurso. No caso de a pena aplicada em primeira instância for 14 anos de prisão e, mediante recurso do Ministério Público ou do assistente, for fixada pelo tribunal de recurso 18 anos de prisão, o prazo máximo de prisão preventiva será, por maioria de razão, 9 anos[150].
O aludido nº 6 do art. 215º refere-se à elevação do prazo, pressupondo, naturalmente, que, nesta situação, o prazo de duração máxima passa a ser superior ao geral. Porém, como nos dá conta Germano Marques da Silva, pode suceder que à data da decisão do recurso que con-

---

[150] Neste sentido, Manuel Maia Gonçalves, *Código de Processo Penal ...*, *cit.*, anotação ao art. 215º, p. 522. Para Germano Marques da Silva (*ob. cit.*, vol. II, 4ª Edição, p. 351), "Também aqui se suscitam problemas de interpretação com alguma complexidade. Parece que basta a confirmação no 1º recurso da sentença, ou seja, desde que a sentença condenatória seja confirmada no primeiro recurso dela interposto aplica-se desde logo a regra do nº 6 do art. 215º. É assim porque se fosse de exigir o trânsito da decisão não se justificaria a elevação do prazo já que com o trânsito em julgado a medida se extingue (art. 214º, nº 1, al. e)).

DAS MEDIDAS DE COACÇÃO E DE GARANTIA PATRIMONIAL

firme decisão condenatória anterior, já o tempo sofrido de prisão preventiva e ou obrigação de permanência na habitação seja superior a metade da pena em que o arguido for condenado. Também neste caso deve extinguir-se a medida de coacção. A razão reside em que a liberdade condicional pode ser concedida quando se encontrar cumprida metade da pena (art. 61º, nº 2, do CP)[151].

O nº 7 do mesmo artigo 215º ao estabelecer que a existência de vários processos contra o arguido por crimes praticados antes de lhe ter sido aplicada a prisão preventiva não permite exceder os prazos previstos nos números anteriores, procura evitar a perpetuação da prisão preventiva, transferindo os prazos de prisão preventiva de uns processos para os outros, como de um só processo se tratasse[152].

Na contagem dos prazos de duração máxima da prisão preventiva são incluídos os períodos em que o arguido tiver estado sujeito a obrigação de permanência na habitação (nº 8).

Os prazos de prisão preventiva previstos no artigo 215º do CPP são válidos para as diversas fases processuais nele consideradas, pelo que, libertado um arguido apenas em virtude de, numa dessas fases, ter atingido o correspondente limite da prisão, pode o mesmo voltar a ser preso se se passar a outra fase e se mantiverem as razões para determinar a sua prisão, desde que se não tenha ainda atingido o máximo global referido nesse artigo[153].

---

[151] *Ob. cit.*, vol. II, 4ª Edição, pp. 351-352.

[152] Manuel Maia Gonçalves, *ob. cit.*, anotação ao art. 215º, p. 522, considera que, a orientação agora consagrada pode, porém, apresentar graves inconvenientes, em casos de imperiosa necessidade, perante o juízo comum da comunidade, de manutenção de exigências cautelares, e mesmo de defesa do próprio arguido, dando o seguinte exemplo: o arguido está pronunciado em dois processos pelo crime de incêndio de relevo praticado em floresta, em dois anos sucessivos, tendo neles esgotado o prazo de prisão preventiva. No seguinte é detido quando ateava fogo em outra floresta, sendo-lhe apreendida elevada quantidade de material destinado a provocar incêndios. É presente ao juiz de instrução. Este, no rigoroso cumprimento da lei não lhe aplica medida privativa da liberdade. A comunidade poderá suportar este procedimento? E o arguido poderá ficar à mercê de uma multidão que, no exterior do tribunal, justamente indignada e descontrolada, está ansiosa por fazer justiça pelas próprias mãos, quiçá através de linchamento na praça pública?

[153] Acórdão da Relação do Porto, de 23 de Setembro de 1998, *CJ*, XVIII, tomo IV, p. 229: I – O arguido que for libertado por haver decorrido o prazo de prisão preventiva em deter-

3.1.1. Suspensão do decurso dos prazos de duração máxima da prisão preventiva

Nos termos do art. 216º, do CPP, o decurso dos prazos de duração máxima da prisão preventiva, previstos no artigo 215º, suspende-se em caso de doença do arguido que imponha internamento hospitalar, se a sua presença for indispensável à continuação das investigações.

A suspensão é decretada pelo juiz, ouvido o Ministério Público, por despacho de que cabe recurso, nos termos do art. 219º e nos gerais[154].

O decurso do prazo da prisão preventiva volta de novo a correr a partir do dia em que cessar a causa da suspensão, acrescendo ao já decorrido até à suspensão.

3.1.2. Libertação do arguido sujeito a prisão preventiva

O arguido sujeito a prisão preventiva é posto em liberdade logo que a medida se extinguir, nos termos dos arts. 214º e 215º, analisados supra, salvo se a prisão dever manter-se por outro processo (art. 217º, nº 1, do CPP).

Se a libertação tiver lugar por se terem esgotado os prazos de duração máxima da prisão preventiva, o juiz pode sujeitar o arguido a alguma ou algumas das medidas previstas nos artigos 197º a 200º, inclusive (nº 2, do referido art. 217º), exceptuando-se, portanto, a *obrigação de permanência na habitação* (prevista no art. 201º), o que se compreende, dada a sua similitude com a prisão preventiva.

Como resulta da parte final do nº 1, do art. 217º, a extinção da prisão preventiva pelo decurso do prazo máximo da sua duração (art. 215º), não

---

minada fase processual pode vir a ser detido uma vez ultrapassada essa fase. II – Questão é que se verifiquem os pressupostos do seu decretamento. No mesmo sentido, Germano Marques da Silva (*ob. cit.*, vol. II, 4ª Edição, p. 350), ao referir que, "Não há um prazo de prisão preventiva para cada fase processual, há é um limite máximo de duração da prisão preventiva até que se atinja determinado momento processual. Por isso, se o início da prisão preventiva só se verificar já na fase de instrução ou na de julgamento, os limites máximos até à decisão instrutória, condenação em 1ª instância ou decisão transitada continuam a ser os mesmos. Por idêntica razão, se numa determinada fase se tiver esgotado o limite do prazo de duração da prisão, o arguido pode voltar a ser preso se se passar a outra fase e se se mantiverem as razões para determinar a sua prisão, desde que se não tenha ainda atingido o máximo da correspondente fase".

[154] Manuel Maia Gonçalves, *Código de Processo Penal ..., cit.*, anotação ao art. 216º, p.528.

DAS MEDIDAS DE COACÇÃO E DE GARANTIA PATRIMONIAL

impede, evidentemente, que o arguido deva manter-se preso preventivamente no âmbito de outro processo, no caso da prisão preventiva já tiver sido decretada, ou possa ser novamente preso preventivamente por esse outro processo.

Estabelece o n.º 3 que, quando considerar que a libertação do arguido pode criar perigo para o ofendido, o tribunal informa-o da data em que a libertação terá lugar.

Este dispositivo é inovador na nossa lei, atribuindo o direito ao ofendido de ser informado pelo tribunal da data da cessação da prisão preventiva, quando a restituição deste à liberdade lhe possa causar perigo.

3.2. Prazos de duração máxima de outras medidas de coacção

Os prazos de duração máxima das medidas de coacção de *obrigação de apresentação periódica* (art. 198.º), e de *suspensão do exercício de profissão, de função, de actividade e de direitos* (art. 199.º), são os indicados no art. 215.º, n.º 1 (**quatro meses, oito meses, um ano e dois meses** e **um ano e seis meses**), podendo ser elevados ao **dobro** (art. 218.º, n.º 1, do CPP).

Os prazos de duração máxima da medida de coacção *proibição e imposição de condutas* (art. 200.º) são os mesmos da prisão preventiva (art. 215.º), para aí se remetendo. Quanto à suspensão do decurso do prazo de duração máxima desta medida é correspondentemente aplicável o disposto no art. 216.º, a que também já nos referimos supra (art. 218.º, n.º 2, referido).

Os prazos de duração máxima da medida de coacção *obrigação de permanência na habitação* (art. 201.º) são em tudo iguais aos da prisão preventiva, cfr. arts. 215.º a 217.º (art. 218.º, n.º 3, do CPP).

Quanto às restantes medidas de coacção, aqui não especificadas, *termo de identidade e residência* e a *caução*, não há prazos máximos de duração, vigorando, assim, até que se opere a respectiva extinção, nos termos do art. 214.º, do CPP.

Secção IV
Modos de Impugnação das Medidas de Coacção: o Recurso e a Providência do *Habeas Corpus*

1. Do recurso

Da decisão que *aplicar, mantiver ou substituir* medidas de coacção cabe recurso a interpor pelo arguido ou pelo Ministério Público, a julgar no prazo máximo de trinta dias a contar do momento em que os autos forem recebidos, art. 219.º n.º 1, do CPP.

O recurso é interposto para o tribunal de hierarquia imediatamente superior: Relação (art. 427.º, do CPP), ou Supremo Tribunal de Justiça, quando a medida for aplicada, em primeira instância, pela Relação (arts. 432.º, al. *a*), e 12.º, n.º 2, al. *b*), do CPP), a não ser que a medida tenha sido aplicada, em primeira instância, pelas secções criminais do Supremo Tribunal de Justiça, caso em que o recurso deverá ser interposto para o pleno das secções criminais do mesmo Supremo Tribunal (art. 11.º, n.º 3, al. *b*), do CPP).

O prazo para interposição do recurso é de vinte dias e conta-se a partir da notificação da decisão (art. 411.º, n.º 1, al. *a*) do CPP). O requerimento de interposição do recurso é sempre motivado, sob pena de não admissão do recurso (n.º 3, do referido art. 411.º)[155].

A motivação enuncia especificamente os fundamentos do recurso e termina pela formulação de conclusões, deduzidas por artigos, em que o recorrente resume as razões do pedido (art. 412.º, n.º 1). Versando matéria de ***direito***, as conclusões indicam ainda: *a*) as normas jurídicas violadas; *b*) o sentido em que, no entendimento do recorrente, o tribunal

---

[155] Sobre o n.º 3, do art. 411.º, do CPP, decidiu o Tribunal Constitucional: «Julgar inconstitucional a norma contida no n.º 3 do artigo 411.º do Código de Processo Penal, quando entendida no sentido de que o recurso é rejeitado sempre que a motivação não acompanhe o requerimento de interposição de recurso, ainda que a sua falta decorra de lapso objectivamente desculpável, e seja sanada antes de decorrido o prazo abstractamente fixado para recorrer e antes da subida ao tribunal de recurso, por violação dos artigos 2.º e 32.º, n.º 1, da Constituição» (Acórdão do T.C. n.º 260/2002 – Processo n.º 467/2001, *DR* – II Série, n.º 169, de 24 de Julho de 2002, pp. 12 894 e ss.).

DAS MEDIDAS DE COACÇÃO E DE GARANTIA PATRIMONIAL

recorrido interpretou cada norma ou com que a aplicou e o sentido em que ela devia ter sido interpretada ou com que devia ter sido aplicada; e *c)* em caso de erro na determinação da norma aplicável, a norma jurídica que, no entendimento do recorrente, deve ser aplicada (art. 412º, nº 2)[156]. Quando impugne a decisão proferida sobre matéria de *facto*, o recorrente deve especificar: *a)* os concretos pontos de facto que considera incorrectamente julgados; *b)* as concretas provas que impõem decisão diversa da recorrida; e *c)* as provas que devem ser renovadas (nº 3, do referido art. 412º).

O recurso sobe imediatamente e em separado (arts. 406º, nº 2 e 407º, nº 2, al. *c)*).

O recurso para a Relação é julgado em conferência, uma vez que não se trata de decisão final (art. 419º, nº 3, al. *b)*).

Nos termos do art. 219º, do CPP, o recurso deve ser julgado no prazo de trinta dias, contado a partir do momento em que os autos forem recebidos no tribunal *ad quem*. Este prazo, porém, é meramente ordenador ou indicador, pelo que, o seu incumprimento, não é passível de qualquer sanção processual. O que mal se compreende, atenta a matéria em crise: a privação da liberdade.

Estabelece o nº 2 do mesmo preceito legal que, *não existe relação de litispendência ou de caso julgado entre o recurso previsto no número anterior e a providência de habeas corpus, independentemente dos respectivos fundamentos*. Desenvolveremos esta matéria a propósito da providência de *habeas corpus*, para aí se remetendo.

Quanto à legitimidade para a interposição do recurso, é também claro que *só o arguido e o Ministério Público podem interpor recurso da decisão que aplicar, mantiver ou substituir medidas de coacção* (art. 219º, nº 1)[157].

---

[156] Sobre o nº 2, do art. 412º, do CPP, o Tribunal Constitucional: «Declara, com força obrigatória geral, a inconstitucionalidade da norma do artigo 412º, nº 2, do Código de Processo Penal, interpretada no sentido de que a falta de indicação, nas conclusões da motivação, de qualquer das menções contidas nas suas alíneas *a)*, *b)* e *c)* tem como efeito a rejeição liminar do recurso ao arguido, sem que ao mesmo seja facultada a oportunidade de suprir tal deficiência» (Acórdão do T.C. nº 320/2002 – Processo nº 754/01, *DR-I-A*, nº 231, de 7 de Outubro de 2002, pp. 6715 e ss.).

[157] Antes da revisão introduzida pela Lei nº 26/2010, de 30 de Agosto, o Ministério Público apenas podia interpor recurso da decisão que aplicasse, mantivesse ou subtituisse medida de coacção, em benefício do arguido. Agora permite-se, em obediência ao princípio da igual-

2. Da providência do *Habeas corpus* em virtude de prisão ilegal

2.1. O *Habeas corpus* como direito fundamental

Inserido no capítulo I, respeitante aos direitos, liberdades e garantias pessoais, do título II (direitos, liberdades e garantias), da parte I (direitos e deveres fundamentais), dispõe o art. 31º da Constituição da República Portuguesa que: «*1. Haverá habeas corpus contra o abuso de poder, por virtude de prisão ou detenção ilegal, a requerer perante o tribunal competente. 2. A providência de habeas corpus pode ser requerida pelo próprio ou por qualquer cidadão no gozo dos seus direitos políticos. 3. O juiz decidirá no prazo de oito dias o pedido de habeas corpus em audiência contraditória*».

A providência de *habeas corpus* é, pois, um direito fundamental, consequentemente sujeito ao regime jurídico do art. 18º, nº 1, da Constituição da República: «*Os preceitos constitucionais respeitantes aos direitos, liberdades e garantias são directamente aplicáveis e vinculam as entidades públicas e privadas*».

Trata-se, assim, de uma norma constitucional exequível por si mesma, cujo sentido específico consiste, no dizer de Jorge Miranda, na possibilidade imediata de invocação dos direitos por força da Constituição, ainda que haja falta ou insuficiência da lei. A regulamentação legislativa, se se der, nada acrescenta de essencial: apenas pode ser útil (ou, porventura, necessária), pela certeza e segurança que cria quanto às condições de exercício dos direitos ou quanto à delimitação frente a outros direitos[158].

A providência de *habeas corpus* é, pois, como refere Germano Marques da Silva, um direito subjectivo (direito-garantia) reconhecido para

---

dade processual, o recurso por parte do Ministério Público de todas as decisões respeitantes a medidas de coacção.

A referida Lei nº 26/2010, revogou o nº 3 do art. 219º, introduzido pela revisão operada pela Lei nº 48/2007, de 29 de Agosto, que estabelecia a irrecorribilidade da decisão que indeferisse a aplicação, revogasse ou declarasse extintas as medidas de coacção, pondo termo a divergências doutrinais. A jurisprudência era praticamente unânime no sentido da admissibilidade do recurso. A irrecorribilidade da decisão parece-nos ser a solução mais compatível com o princípio da presunção de inocência do arguido, consagrado no art. 32º, nº 2, da Constituição da República. Mal andou, pois, em nosso entendimento, o legislador ao revogar o nº 3 referido, abrindo, assim, novamente, o debate doutrinal e jurisprudencial, que a revisão de 2007 sanara.

[158] In *Manual de Direito Constitucional*, Tomo IV, Direitos Fundamentais, Coimbra Editora, pp. 283-284.

DAS MEDIDAS DE COACÇÃO E DE GARANTIA PATRIMONIAL

tutela de um outro direito fundamental, dos mais importantes, o direito à liberdade pessoal. Em razão do seu fim, o *habeas corpus* há-de ser de utilização simples, isto é, sem grandes formalismos, rápido na actuação, pois a violação do direito de liberdade não se compadece com demoras escusadas, abranger todos os casos de privação da liberdade e sem excepções em atenção ao agente ou à vítima. Estas características são em geral reconhecidas em todas as legislações que acolhem o *habeas corpus*[159].

2.2. Natureza e finalidade

O *habeas corpus* é uma providência extraordinária e urgente, que visa garantir os direitos à liberdade e dignidade individuais e a legalidade, contra o abuso de poder, e não um recurso.

O *habeas corpus* não é um recurso, é uma providência extraordinária com a natureza de acção autónoma com fim cautelar, destinada a pôr termo em muito curto espaço de tempo a uma situação de ilegal privação da liberdade[160].

Trata-se, como nos dá nota António Henrique Rodrigues Maximiano, de um instituto pertinente ao homem concreto, não de um exercício de estilo. Atende ao homem, ainda que desprotegido, visando a defesa da sua essência de humano: a sua dignidade. E a dignidade da pessoa está muito para além da ilegalidade da sua prisão. A dignidade da pessoa é, desde logo, brutalmente atingida pelo abuso de poder, pela prisão ou pela detenção ilegal como se consigna no art. 31º, nº 1, da Constituição da República[161].

«A liberdade que se desgarra da Ordem é crime, a autoridade que se desprende da Ordem é arbítrio. O primeiro desvio, porque individual, pode ser combatido com eficácia pela força do Estado. O segundo, porque praticado por quem detém a autoridade, só pela força do mesmo Estado, entregue a um órgão de jurisdição imparcial e independente, pode ser corrigido.

---

[159] *Ob. cit.*, vol. II, 4ª Edição, p. 357.

[160] Germano Marques da Silva, *ob. cit.*, vol. II, 4ª Edição, p. 357.

[161] In «*Habeas Corpus*, em virtude de prisão ilegal – art. 222º, do CPP, 1987 – Da Jurisprudência do Supremo Tribunal de Justiça. Reflexões e subsídios para a Comissão Revisora do Código de Processo Penal», *Revista Direito e Justiça*, UCP, Vol. XI, Tomo I, 1997, p. 188.

É na solução deste problema que se insere a providência do *habeas corpus*, a qual, precisamente, consiste na intervenção do poder judicial para fazer cessar as ofensas do direito de liberdade pelos abusos da autoridade»[162].

O *habeas corpus* é a providência destinada a garantir a liberdade individual contra o abuso de autoridade[163].

A providência do *habeas corpus* visa, na sua essência, assumir-se como uma sólida garantia do direito à liberdade, à legalidade, à dignidade da pessoa. Ao fim e ao cabo, à condição humana, ao direito de ser pessoa[164].

Na sua configuração de poder incumbido de promover a paz pública, o Estado assume o compromisso de não restringir ilegalmente a liberdade, ou seja, a sua actuação submete-se à reserva da Lei e à reserva da decisão judicial. E, de outra banda, assume a tarefa de protegê-la contra eventuais transgressões. Esta função de prestação estatal em favor da liberdade, vem consubstanciar-se através da previsão do *habeas corpus*[165].

2.3. Antecedentes históricos

O instituto do *habeas corpus* tem, historicamente, origem no direito anglo-saxónico, tendo sido consagrado no *Amendment Act habeas corpus*, promulgado em 1679, como reacção perante os abusos do absolutismo monárquico, e consistia num mandado imperativo dirigido à pessoa ou autoridade que tivesse detido um cidadão, privando-o da sua liberdade, ordenando-lhe que o apresentasse imediatamente à autoridade judicial[166].

Impunha-se, à época, que o detido ou preso fosse presente vivo, ao juiz. Consagrava-se o direito a "estar vivo", o direito à vida para ser julgado[167].

A origem do *Habeas Corpus* confunde-se com as origens do direito inglês. Por isto, remontar os antecedentes deste procedimento passa antes pelo conhecimento das vicissitudes próprias do desenvolvimento

---

[162] Cfr. *Relatório* do Decreto-Lei nº 35 043, de 20 de Outubro de 1945.

[163] Cavaleiro de Fereira, *Curso de Processo Penal*, Lisboa, 1986, p. 273.

[164] António Rodrigues Maximiano, *Habeas Corpus ... cit.*, p. 189.

[165] Isaac Saabá Guimarães, *Habeas Corpus, Críticas e Perspectivas*, Juará Editora, Curitiba, p. 230.

[166] Germano Marques da Silva, *ob. cit.*, vol. II, 4ª Edição, p. 358.

[167] António Rodrigues Maximiano, *Habeas Corpus ... cit.*, p. 190.

das instituições político-jurídicas inglesas. O peculiar *corpus* jurídico britânico, formou-se em concomitância com seu amadurecimento político. Ou, melhor dizendo, ali estabeleceu-se uma dialética entre o poder político e as exigências sociais (numa época em que tal não se cogitava), propiciando a arquitetura de um direito que correspondesse aos anseios de melhoramento. Para isto contou, também, com a instituição do poder judicial, que se estruturou, pouco a pouco, independente e soberano em suas decisões. Estes fatores iriam dar consequência ao agregado de costumes e precedentes judiciais sedimentados na *Common law*, de onde efetivamente o inglês retirou o *habeas corpus*.

Já mesmo bem antes do aparecimento do *habeas corpus* com a feição moderna pela qual ficou conhecido (a partir do século XVII), os ingleses dispunham de expedientes apropriados para a proteção da segurança e da liberdade pessoal. Não é demais lembrar que estes viriam a constituir, juntamente com a propriedade pessoal, valores representativos de direitos absolutos da cultura jurídica inglesa. Desta forma ali já se contavam garantias contra os atos de arbitrariedade dos juizes, impedindo-os de cometerem ilegalidades (através da *prohibition*), ou para determinar a observância de uma conduta (através do *mandamus*). A nota comum a estes procedimentos é a de imposição da regra da *legalidade*, já claramente identificada na *Magna Charta Libertatum*. No entanto, já se viam os princípios desta regra nos instrumentos ancestrais de proteção da liberdade pessoal, bem como nas primeiras expressões do *habeas corpus*.

Dessa forma, já existiam na *Common law* do período anterior à *Magna Charta* três procedimentos dirigidos à proteção da liberdade pessoal: *a)* o *writ de homine replegiando*, que se tratava de uma ordem judicial concessiva de liberdade mediante fiança; *b)* o *writ of mainprize*, que era destinado ao *sheriff*, para que estabelecesse as bases do livramento do detido mediante fiança; *c)* o *writ de odio et atia*, segundo o qual o acusado de homicídio podia obter o livramento através da decisão antecipada sobre os motivos da acusação. Como observa R. J. Sharpe, estes "(...) não eram remédios de aplicação geral, mas procedimentos especiais para situações especiais". Eram destinados à concessão de liberdade provisória, segundo a apuração da gravidade ou espécie de crime cometido pelo beneficiário. E é neste aspecto que o citado autor sustenta a importância do *habeas corpus* em relação àqueles "remédios". O procedimento, quando adquiriu a configuração de garantia específica da liberdade pes-

DAS MEDIDAS DE COACÇÃO

soal, trazia ante a corte a discussão das causas da prisão do requerente, com a finalidade de apurar-se a legalidade do acto, podendo resultar numa decisão definitiva sobre a situação prisional. Além do mais, aqueles *writs* não podiam ser deferidos contra as prisões oriundas de ordens da Coroa, enquanto que o *habeas corpus*, no seu estágio mais evoluído, o admitia. Nenhum daqueles *writs* se prolongou para além da idade média, que é o referencial de sua decadência e, ao mesmo tempo, o marco em que o *habeas corpus* assume o papel de proeminência na defesa da liberdade pessoal[168].

Para este prestigiado autor brasileiro, a *Magna Charta* é o ponto de partida: a historiografia geral sobre as instituições inglesas, permite identificar o surgimento do *habeas corpus* (como garantia da liberdade pessoal) a partir do estabelecimento da *Magna Charta* (1215). É verdade que neste documento não se encontram quaisquer indícios da positivação do procedimento. "Não existe" – como afirma Ramón Soriano – "neste singular texto jurídico-positivo nem sequer uma aproximação do recurso especial para a obtenção da liberdade arrebatada pelas autoridades ou particulares sem atendimento às disposições legais". Mas ali já se podem encontrar seus elementos essenciais.

Na medida em que se possa referir a perda da liberdade à estrita regra da legalidade, torna-se viável o enquadramento das bases do *habeas corpus* na vetusta carta de intenções assinada por João Sem-Terra em favor dos barões ingleses. Seu capítulo 29, ao estabelecer que "Nenhum homem livre será detido ou sujeito à prisão...a menos que seja julgado pelos seus pares ou em conformidade com a lei do país", positiva os princípios da *legalidade* e do *due process of law*. E com isto, oferece condições para a estruturação do correspondente procedimento de fiscalização. O *habeas corpus ad subiiciendum* vem, então, relacionar-se de forma reflexa com os mencionados princípios, desde que, ao proteger a liberdade pessoal, necessariamente expõe ao exame do judiciário as causas de supressão da liberdade. Através do *writ* examina-se a legalidade do ato restritivo de liberdade.

Apesar de esta primeira aproximação permitir o estabelecimento de um elo na formação do *habeas corpus*, não se deve perder de vista as mui-

---

[168] Isaac Sabbá Guimarães, *Habeas Corpus – Criticas e Perspectivas, cit.*

DAS MEDIDAS DE COACÇÃO E DE GARANTIA PATRIMONIAL

tas vicissitudes que ainda estavam por ocorrer e que, uma vez colocadas a nu, desmistificam qualquer crença na existência de um expediente pronto e eficaz na defesa da liberdade pessoal (ao menos naquela quadra da história). A partir do século XIII o *habeas corpus* começava sua longa trajetória até firmar-se como garantia da liberdade pessoal e aí, sim, podemos mencionar seu papel de proeminência. Mas, a bem da verdade, sua incipiência é marcada pelos confrontos com o absolutismo. O procedimento servia como instrumento de prerrogativa do suserano na administração da justiça, que controlava as jurisdições inferiores. Uma vez instaurado, determinava que a apresentação do preso se fizesse na corte do Rei (a *Court of King's Bench*), onde o caso era examinado e julgado. Nestas condições, aflora como hipótese inelimináva a questão dos riscos de julgamentos viciosos ou, ao menos, com tendência para a parcialidade. Afinal de contas, a Coroa e o *Privy Council* detinham o poder de determinar prisão – *per speciale mandatum regis* – sem indicar a causa.

Por um longo período os tribunais ordinários mantiveram divergências com o Tribunal do Rei. Entretanto, apesar de este ter usado com freqüência o privilégio da jurisdição especial, em alguns casos os juízes comuns desafiaram o sistema real através de ordens de *habeas corpus*. Há notícias de casos em que o procedimento foi usado por presos por ordem do *Privy Council* para a obtenção do livramento ou da fiança já em 1567. E também pelo ano de 1587 destacam-se o *Howel's case*, em que, apesar de o *writ* não ter prosperado, o tribunal considerou insuficiente a ordem de prisão imotivada determinada por apenas um membro do *Privy Council*; o *Searche's case*, em que o tribunal ditou sentença em sentido oposto, deferindo o *writ* a favor do requerente, preso em razão de ordem daquele conselho real, além de uns outros tantos casos.

A declarada oposição do judiciário contra as ordens injustificadas de prisão, crescia no mesmo passo em que se tornava insustentável a autonomia irresponsável do *Privy Council*. As concessões de fiança ou de puro e simples livramento através do *habeas corpus* tornaram-se mais freqüentes, até que em 1592 os juízes proclamaram, de acordo com as palavras de Sharpe, uma Resolução de natureza "ambígua", mas direcionada à fixação da regra da legalidade. Ao mesmo tempo que reconhecia o poder da Coroa e do Conselho para determinar a prisão sem especificação da causa, enquanto pendesse o julgamento, a Resolução admitia a inferência de que os juízes estavam habilitados para a concessão do livramento ou da fiança, pela falta de especificação da causa da prisão. Era a tentativa de estabelecer o princípio geral de que "(...) todo mandado de prisão requer uma justificação legal". E mais. Tratava-se de uma ratificação, por vias oblíquas, do que estava assentado na *Magna Charta*».

Acerca das bases do *Habeas Corpus* e da *Petition of Right* parece inegável que o processo de fundamentação política da Inglaterra manteve direta reciprocidade com o desenvolvimento do seu direito. A afirmação do *habeas corpus* demonstra isto de maneira clara, ao ter colocado em movimento um caudal de ideias e discussões acerca dos limites da actividade da Coroa, ao mesmo tempo em que estabelecia a zona intangível da liberdade pessoal. O caso *Darnel, v.g.*, oferece indícios veementes de sua influência na proclamação da *Petition of Right*, que correspondeu a um largo passo dado em direção à fixação das liberdades no século XVII.

No ano de 1627, Carlos I impôs aos ingleses o recolhimento de um novo imposto sem que, no entanto, tivesse sido aprovado pelo Parlamento. Aos que recusaram o pagamento do tributo – e dentre eles destacaram-se Darnel e outros quatro fidalgos – coube a detenção. Este acto foi executado *per speciale mandatum regis*, sem que nele estivesse prescrita a causa legal. A situação avivou-se com a impetração do *habeas corpus* em que se pretendia o livramento dos cinco cavalheiros, trazendo novamente à baila a questão dos limites do poder real.

Com o deferimento do *writ* requerido por Darnel e os outros presos, veio a resposta do carcereiro alegando que a prisão se efetivou em razão do mandado especial do rei. Coube aos juízes, pois, a apreciação da questão para acolher ou não o pedido de livramento. Por outras palavras, restava verificar se o mandado real era suficiente para o cerceamento da liberdade de um cidadão, mesmo que desamparado de um fundamento legal.

O advogado de Darnel baseou o pedido nas garantias estabelecidas no capítulo 29 da *Magna Charta*, invocando a necessidade de a ordem de prisão obedecer à lei do País (*legem terrae*), e nos estatutos do Rei Eduardo III, que preconizavam a impossibilidade da perda de liberdade em razão de mandado do rei ou de seu conselho, em que não constasse acusação legal e procedente ou *writ* da *Common law*. Por outro lado, o Procurador-Geral da Coroa argumentou que a expressão *legem terrae* tinha o significado vago, uma vez que não estava especificada na *Magna*

DAS MEDIDAS DE COACÇÃO E DE GARANTIA PATRIMONIAL

Charta, não desautorizando, desta forma, a prerrogativa real. Ou seja, as decisões da Coroa estavam a salvo da vinculação às leis do país. Embora os juízes já tivessem demonstrado a tendência contrária aos abusos do rei, estabelecendo seu posicionamento (mesmo que cauteloso) na Resolução de 1592, decidiram não conceder fiança aos presos.

A partir daí a insatisfação geral contra Carlos I agravou-se, razão porque em 1628, após convocar a reunião do Parlamento, teve de aceitar a *Petition of Right* que lhe apresentaram os membros das Câmaras. Além de colocar-se numa condição de fiscal dos atos da coroa, passando a autorizar, *v.g.*, os lançamentos de impostos, o Parlamento incluiu o reconhecimento do preceito segundo o qual nenhum cidadão estava obrigado a pagar impostos não autorizados (pelo *act of Parliament*), nem a ser compelido ou preso e molestado em razão de recusa ao pagamento. Estabelecia, ainda, o uso do *habeas corpus* para garantir o controle da legalidade dos actos restritivos de liberdade (cláusula 5). A *Petition* não tomou, como observa R. J. Sharpe, a forma de uma lei ordinária. Ela foi "(...) o produto do compromisso [do rei], e foi provavelmente considerada como uma declaração de uma lei dada pelas duas Câmaras do Parlamento, em sua capacidade judicial, e sancionada pelo Rei".

O Acto de 1640: as Bases Processuais do *Habeas Corpus*

Os estatutos da *Petition* não tardaram, no entanto, em ser desobedecidos pela Coroa, dando início a uma nova série de resistências: por um lado o judiciário posicionou-se de maneira firme nos casos *Lawson* e *Barkhams* (1638), ambos libertados através do procedimento do *habeas corpus* quando os juízes apuraram na contestação (*return*) que sua prisão foi executada por ordem do conselho real, sem que houvesse a indicação da causa específica. Embora no ano anterior os juízes tenham admitido a imposição de um novo imposto sem a aprovação do Parlamento, no caso *Shipmoney*, revelaram inegável autonomia e coerência com respeito à matéria de garantia da liberdade pessoal. Por outro lado, o reinado de Carlos I estava desgastado e caminhava para o ocaso. Assim, após a revolução que depôs o trono, foi proclamado o *Habeas Corpus Act*, de 1640. Por meio deste estatuto extinguiu-se as *conciliar courts*, inclusive a *Star Chamber*, que diretamente se relacionava com o absolutismo inglês. Ractificou os preceitos de garantia da liberdade pessoal, dispondo que qualquer detido por ordem do rei ou de seu conselho teria o direito a solicitar o *writ* de *habeas corpus*, para ser imediatamente conduzido ante o tribunal, onde seria apreciada a justificativa do acto. E introduziu regras de direito processual, dando uma base mais concreta ao *habeas corpus*. Os juízes da causa deveriam manifestar-se sobre a legalidade da detenção, concedendo fiança, a pura e simples liberdade ou a confirmação do acto restritivo num prazo de três dias. Além do mais, o juiz ou oficial que não cumprisse com estas determinações, era sujeito ao pagamento de multas e à responsabilização dos danos que a parte prejudicada sofresse.

Sobre o *Habeas Corpus Act* (1679), expende ainda Isaac Sabbá Guimarães, importantes considerações historico-jurídicas: «à chegada do século XVII, quando ocorre a revolução que depõe o absolutismo e a posterior Restauração, com o fim da curta República de Cromwell, o direito de liberdade pessoal já se encontrava consolidado na cultura inglesa. Vinha sendo discutido há muito, e estava amplamente assentado nos precedentes judiciais. O *habeas corpus* tornou-se o procedimento adequado para o exame da legalidade dos actos restritivos de liberdade, sendo eficiente para sua restauração com ou sem fiança. Era aplicado não só contra as prisões determinadas pelo mandado real, como também contra as restrições decorridas em face de imputação de prática criminosa de natureza comum ou de processos civis. Ao mesmo tempo, já se enxergavam as linhas demarcatórias em que se encerravam as actividades do poder político. Foi neste contexto, abertamente favorável ao uso do procedimento, que surgiu o *Habeas Corpus Act*, em 1679.

Deve ser salientado o fato de que o direito inglês conhecia o procedimento desde tempos imemoriais. O *habeas corpus* firmou-se na lei comum durante um longo processo de aperfeiçoamento, em que ganhou a função específica de garantir a liberdade pessoal. E o inglês tinha a consciência do exercício desta liberdade e de sua importância, considerando-a, por isto mesmo, um dos direitos absolutos. Desta forma, o *habeas corpus* também assumia um papel de destaque naquele ordenamento jurídico, na medida em que se colocava como instrumento apto e eficaz ao controle da legalidade dos actos restritivos da liberdade, ao mesmo tempo em que era capaz de por a salvo o seu exercício. Por isso, é erróneo pensar-se que o surgimento do *habeas corpus* se deu com o *act* de 1679. Nesta época tanto o direito como a garantia da liberdade pessoal estavam presentes no mundo jurídico inglês. O *Habeas Corpus Act* não

DAS MEDIDAS DE COACÇÃO E DE GARANTIA PATRIMONIAL

estabeleceu direito novo, mas apenas regulamentou o instituto secular. Trata-se, portanto, de uma lei de natureza processual, que deu ao *habeas corpus* a feição moderna pela qual é hoje conhecido.

Os juízes deparavam-se com aspectos de ordem prática que ainda não haviam encontrado uma definição, apesar das muitas opiniões que se lançavam. Sharpe identifica duas ordens de problemas que ganharam evidência naquele estágio de evolução do *habeas corpus*, sendo deles paradigmáticos casos como o de *Jenke* e o de *Bushell*. O primeiro refere-se ao processamento do pedido de *habeas corpus* durante o período de férias dos juízes. A questão que se colocava era a de saber se o *writ* devia ou não ser despachado durante as férias. E a discussão tomou maior repercussão com o *Jenke's case*, de 1676. Há notícias de que *Jenke*, um orador do partido popular, foi colocado em prisão por ordem do Conselho após pronunciar um discurso reputado sedicioso. Apesar de o prisioneiro enquadrar-se na situação favorável ao livramento com fiança, o *Chief Justice* da *Court of King's Bench* e o *Lord Chancellor* recusaram a concessão da ordem de *habeas corpus* durante o período de férias.

O segundo problema relacionava-se com o estabelecimento da competência dos órgãos judiciais para o conhecimento do pedido. Havia divergência de entendimento quanto à possibilidade de a *Common Pleas* conhecer os casos de crimes ordinários, uma vez que a *King's Bench* era a corte prioritária para o processamento dos pedidos de *habeas corpus*. No caso *Bushell*, de 1670, a *Common Pleas* julgou seu pedido de *habeas corpus* incidente num processo em que se apurava a responsabilização pela prática de crime comum, tornando-se favorável a aceitação desta jurisdição para a concessão do *writ*.

O *Habeas Corpus Act* de 1679 veio então para solucionar estas questões, regulamentando o procedimento na área criminal. Dispõe o seguinte: que as pessoas presas por crimes comuns, ou seja, que não incorram na prática do crime de traição ou de felonia, podem recorrer ao *Lord Chancellor* ou a qualquer dos juízes das Cortes Superiores, para pedir uma ordem de *habeas corpus*, mesmo durante o período de férias. Aqueles contra quem pese a suspeita de traição ou de felonia podem exigir que as submetam à acusação, devendo o processo ter início na sessão mais próxima (salvo se houver impossibilidade de produzir-se os testemunhos do rei), ou que lhes concedam a possibilidade de pagamento de caução.

Que os juízes ou o *Lord Chancellor* devem conceder o *writ* de *habeas corpus* sempre que o detido ou seu representante apresentem cópias do auto de prisão ou façam juramento (*affidavit*) de que esta foi negada. A recusa do *writ* sujeitará o juiz ao pagamento de uma multa no valor de 500 libras esterlinas.

Nenhum habitante da Inglaterra (a não ser os condenados e a requerimento) pode ser deportado para a Escócia, para a Islândia, para as ilhas da Jérsia ou outros lugares além-mar, compreendidos ou não nos territórios do domínio britânico. Também neste caso se aplica multa no valor de 500 libras esterlinas ao contraventor, além de estar sujeito à perda da capacidade para exercer cargos honoríficos e emprego público assalariado.

Que o oficial público ou carcereiro que deixar de apresentar sua resposta (*return*) sobre a execução da ordem; que deixar de remeter ao prisioneiro uma cópia da ordem de prisão, nas seis horas seguintes ao interrogatório; ou que transportar o preso de uma prisão a outra sem motivo suficiente, nem autorização, incorre na multa de 100 libras esterlinas e de 200 libras no caso de reincidência.

Que nenhuma pessoa posta em liberdade por ordem de *habeas corpus* pode ser presa pelo mesmo facto, sob pena de multa de 500 libras esterlinas.

Que o prazo de apresentação do preso ao juiz foi definido levando-se em consideração a distância entre o lugar da detenção e o de residência do juiz, não ultrapassando ao máximo de 20 dias.

Que o *writ* pode ser solicitado pelo próprio detido ou por outra pessoa que atue em seu nome, inclusive durante as férias forenses e diante de qualquer juiz.

Este *Act*, como assinala Sharpe, para além de não regulamentar os casos de natureza civil, deixou de contemplar problemas como o do referente ao excesso de fiança e sobre as controvérsias em torno da veracidade da resposta (*return*) oferecida pela autoridade coatora. Contudo o *Habeas Corpus Act* marca a passagem do procedimento para sua forma moderna».

Sensivelmente um século depois do *Habeas Corpus Act* de 1679, o *Habeas Corpus*, foi acolhido pela Declaração de Filadélfia, de 1774 e, posteriormente, pela Declaração dos Direitos do Homem de 1789.

DAS MEDIDAS DE COACÇÃO E DE GARANTIA PATRIMONIAL

Nos nossos dias, o instituto encontra-se consagrado praticamente em todas as Constituições dos diversos países, nalgumas dos quais, bastante desenvolvido[169].

Entre nós, foi o instituto consagrado, pela primeira vez, na Constituição de 1911, no nº 31º, do art. 3º[170]. A Constituição de 1933 também previa a garantia do *habeas corpus*, remetendo para lei especial as condições do seu uso[171].

Apesar de consagrada nas Constituições referidas, a providência do *habeas corpus* só posteriormente foi regulamentada, através do Decreto-lei nº 35 043, de 20 de Outubro de 1945, cujos normativos foram integrados no Código de Processo Penal de 1929, através do Decreto-Lei nº 185/72, de 31 de Maio.

A Constituição da República actual prevê o instituto do *habeas corpus* no art. 31º, nos termos que referimos supra.

2.4. Pressupostos e fundamentos da providência do habeas corpus em virtude de prisão ilegal[172]

Sobre a providência do *habeas corpus* em virtude de prisão ilegal, estatui o art. 222º, do CPP: *«1. A qualquer pessoa que se encontrar ilegalmente presa o Supremo Tribunal de Justiça concede, sob petição, a providência de habeas corpus. 2. A petição é formulada pelo preso ou por qualquer cidadão no gozo dos seus direitos políticos, é dirigida, em duplicado, ao presidente do Supremo Tribunal de Justiça, apresentada à autoridade à ordem da qual aquele se mantenha preso e deve fundar-se em ilegalidade da prisão proveniente de: a) Ter sido efectuada ou*

---

[169] Por exemplo, no Brasil, em que o instituto do *habeas corpus* pode ser utilizado contra qualquer espécie de violação do direito à liberdade. O *habeas corpus* é, assim, uma eficaz garantia do direito à liberdade do cidadão (Cfr. Diaulas Costa Ribeiro, «*Habeas Corpus* no Brasil – Casos Práticos», *Revista Direito e Justiça*, Vol. XI, Tomo I, 1997, pp. 243-281).

[170] *Constituição de 1911*, art. 3º (...), 31º: «Dar-se-á o *habeas corpus* sempre que o indivíduo sofrer ou se encontrar em iminente perigo de sofrer violência ou coacção, por ilegalidade, ou abuso do poder. A garantia do *habeas corpus* só se suspende nos casos de estado de sítio por sedição, conspiração, rebelião ou invasão estrangeira. Uma lei especial garantirá a extensão desta garantia e o seu processo».

[171] Constituição de 1933, art. 8º, § 4º: «Poderá contra o abuso de poder usar-se da providência excepcional do *habeas corpus*, nas condições determinadas em lei especial».

[172] Neste trabalho, apenas nos ocupa a providência do *habeas corpus* em virtude de prisão ilegal e não, também, por detenção ilegal. Sobre o *habeas corpus* em virtude de detenção ilegal, vide o nosso *Os Tribunais as Polícias e o Cidadão* ..., *cit.*, pp. 54 e ss.

DAS MEDIDAS DE COACÇÃO

ordenada por entidade incompetente; b) Ser motivada por facto pelo qual a lei a não permite; ou c) Manter-se para além dos prazos fixados pela lei ou por decisão judicial».

O pressuposto de facto da providência do *habeas corpus* é, pois, a *prisão efectiva e actual*; o seu fundamento jurídico é a *ilegalidade da prisão* ou de *internamento ilegal*, no âmbito das medidas de segurança (arts. 91º e ss., do Código Penal).

Antes de mais, importa referir que, o *habeas corpus*, não é um processo de reparação de direitos individuais ofendidos. É antes, como já escrevemos supra, uma providência extraordinária e urgente, que visa garantir os direitos à liberdade e dignidade individuais e a legalidade. Por isso, com a cessação da ofensa ilegal a tais direitos, ou seja, com a cessação da ilegalidade da prisão, realizou-se o fim próprio do *habeas corpus*, que consiste, justamente, em pôr termo a uma situação de prisão ilegal.

Note-se que, nem todos os casos de prisão injusta podem ser considerados como situações de prisão ilegal. De facto, de acordo com o disposto no nº 2, do art. 222º, do CPP, o fundamento da providência de *habeas corpus*, é apenas a ilegalidade da prisão proveniente de:

a) Ter sido efectuada ou ordenada por entidade incompetente

A prisão (e não também a detenção), quer preventiva, quer como pena, só pode ser efectuada ou ordenada pelo juiz.

A prisão ordenada pelo juiz, deve ser efectuada pelos órgãos de polícia criminal, precedendo mandado[173].

A prisão ordenada por entidade diferente do juiz, ou efectuada por entidade incompetente (que não seja órgão de polícia criminal) ou sem precedência de mandado judicial é ilegal, podendo, assim, ser impugnada através da providência do *habeas corpus*, sem prejuízo do exercício, por parte do lesado, do **direito de resistência**, previsto no art. 21º, da Constituição da República.

b) Ser motivada por facto pelo qual a lei a não permite

A prisão, ainda que efectuada ou ordenada por entidade competente (Juiz ou órgão de polícia criminal) pode ser motivada por facto pelo qual a lei a não permite. Por exemplo, a prisão preventiva ordenada por um

---

[173] Germano Marques da Silva, *ob. cit.*, vol. II, 4ª Edição, p. 360.

DAS MEDIDAS DE COACÇÃO E DE GARANTIA PATRIMONIAL

juiz por um facto apenas punível com pena de multa, ou que, simplesmente, não é criminalmente punível (por dívidas), ou ainda, por um crime punível com pena de prisão até três anos, ou, com pena superior, mas cometido a título negligente, é ilegal, porque foi motivada por facto pelo qual a lei a não permite.

Por isso que, como é referido por Germano Marques da Silva, não baste a mera alegação formal de um motivo legal no despacho de aplicação de uma medida de coacção, sendo necessária a descrição factual, ainda que necessariamente sucinta, dos factos e circunstâncias que a permitem[174].

c) *Manter-se para além dos prazos fixados pela lei ou por decisão judicial*

Os prazos *fixados pela lei* são os prazos máximos da prisão preventiva, previstos nos arts. 215º e 216º, do CPP, a que nos já referimos supra.

Os prazos *fixados por decisão judicial*, são os relativos à duração da pena de prisão aplicada através de sentença condenatória.

A manutenção da prisão para além dos prazos referidos é ilegal. Igualmente ilegal é, também, a situação de manutenção da prisão, cuja execução, por força da extinção da responsabilidade criminal, devia ter cessado e não cessou, podendo, por isso, ser impugnada através da providência do *habeas corpus*, sem prejuízo do exercício, por parte do ofendido, do **direito de resistência** (art. 21º, da CRP).

Referimos supra que o fundamento jurídico da providência do *habeas corpus* é a *ilegalidade da prisão* mas também o *internamento ilegal*, no âmbito das medidas de segurança (arts. 91º e ss. do Código Penal), embora a lei preveja a providência expressamente apenas para a prisão ilegal. Porém, esta aplicação analógica justifica-se perfeitamente, em virtude de ambas as situações serem de privação da liberdade[175].

O nº 2 do art. 219º, introduzido pela revisão operada pela Lei nº 48/ /2007, de 29 de Agosto, dispõe que *não existe relação de litispendência ou de*

---

[174] *Ob. cit.*, vol. II, 4ª Edição, p. 361.
[175] Acórdão do *STJ* de 10 de Outubro de 2001, proc. nº 3370/2001: A providência de *habeas corpus* é aplicável, por analogia fundada pelo menos na identidade de razão, aos casos de privação de liberdade resultante de aplicação de medida de internamento em estabelecimento psiquiátrico. Só assim se compatibilizam os mecanismos processuais penais com o espírito de segurança e ao instituto do *habeas corpus* (arts. 20º e 31º da CRP).

caso julgado entre o recurso da decisão que aplicar, mantiver ou substituir medidas de coacção e a providência de habeas corpus, independentemente dos respectivos fundamentos, contrariando, assim, a orientação de alguma doutrina[176] e da jurisprudência do Supremo Tribunal de Justiça[177] que vinha sendo seguida.

A relação de litispendência e de caso julgado refere-se à relação entre o recurso da decisão que aplicou medida privativa da liberdade (prisão preventiva) e a providência de *habeas corpus*. Assim, a interposição de recurso da decisão judicial que aplicou a prisão preventiva e este recurso esteja ainda pendente de decisão ou tenha até já sido decidido com trânsito em julgado, não obsta ao conhecimento da providência de *habeas corpus*, mesmo que os fundamentos do recurso e da providência sejam os mesmos.

A inexistência de *litispendência* entre o recurso da decisão que aplicou medida privativa da liberdade (prisão preventiva) e a providência de *habeas corpus*, é compreensível. Tanto mais que, como referimos acima, nem todas as situações de ilegalidade da prisão constituem fundamento da providência de *habeas corpus*. Esta está apenas reservada aos casos de ilegalidade manifesta e grosseira e, consequentemente, insuportáveis, como os casos de ilegalidade referidos nas alíneas *a)* a *c)*, do nº 2, do art. 222º.

A inexistência de relação de *caso julgado* é, no entanto, merecedora das maiores reservas. Com efeito, estando as medidas de coacção, *maxime* a prisão preventiva, sujeitas a ser alteradas a cada momento, face a novo circunstancialismo fáctico ou de *iure* (arts. 212º e 213º), parece que só haverá caso julgado dentro do mesmo momento e do mesmo circunstancialismo, o que dificilmente se verificará.

Acresce que, «o *habeas corpus* não tem natureza residual mas sim a natureza de uma providência excepcional e extraordinária abrangendo

---

[176] Manuel Maia Gonçalves, *Código de Processo Penal Português Anotado e Comentado e Legislação Complementar*, 12ª Edição, Almedina, 2001, anotação ao art. 222º, pp. 478-480.

[177] Acórdãos do STJ, de 12 de Fevereiro de 1992, *BMJ* nº 414, p. 379: «Não é admissível o pedido de *habeas corpus* quando haja ainda a possibilidade de interposição de recurso ordinário ou quando este se encontre já interposto...», e de 20 de Fevereiro de 1997, *Revista Portuguesa de Ciência Criminal* 10 (2000), p. 303: «II – A providência de *habeas corpus* reveste carácter excepcional, não podendo recorrer-se a ela se houver outro meio de reacção ou se a decisão causadora de prisão ilegal for passível de recurso ordinário».

DAS MEDIDAS DE COACÇÃO E DE GARANTIA PATRIMONIAL

as situações de abuso que são distintas das situações de decisão discutível, impugnáveis pela via do recurso»[178].

2.5. Legitimidade para requerer a providência do *habeas corpus*

Tem legitimidade para requerer a providência do *habeas corpus*, em virtude de prisão ilegal, o ***preso ou qualquer cidadão*** no gozo dos seus direitos políticos, art. 222º, nº 2, do CPP[179].

2.6. Procedimento e decisão

A petição, formulada em duplicado (pelo preso ou por qualquer cidadão no gozo dos seus direitos políticos), é dirigida ao presidente do Supremo Tribunal de Justiça, devendo, no entanto, ser apresentada à autoridade à ordem da qual o preso se mantenha e deve indicar o fundamento(s) da ilegalidade da prisão (art. 222º, nº 2, do CPP).

A petição é enviada, pela autoridade à ordem da qual o preso se mantenha, imediatamente ao presidente do Supremo Tribunal de Justiça, com a informação sobre as condições em que foi efectuada ou se mantém a prisão (art. 223º, nº 1, do CPP).

Se da informação dada pela autoridade referida constar que a prisão já se não mantém, o presidente do Supremo Tribunal de Justiça ordenará o arquivamento do processo de providência de *habeas corpus* por falta do requisito da actualidade[180].

Se, ao invés, da informação constar que a prisão se mantém, o presidente do STJ convoca a secção criminal, que delibera nos ***oito dias*** subsequentes, notificando o Ministério Público e o defensor e nomeando este, se não estiver já constituído (nº 2, do referido art. 223º).

O relator faz uma exposição da petição e da resposta, após o que é concedida a palavra, por ***quinze minutos***, ao Ministério Público e ao defensor. Seguidamente, a secção reúne para deliberação, a qual é imediatamente tornada pública (nº 3, do mesmo preceito legal).

---

[178] António Rodrigues Maximiano, *Habeas Corpus...*, *cit.*, p. 197.

[179] Manuel Maia Gonçalves, *Código de Processo Penal ...*, *cit.*, 17ª Edição, 2009, anotação ao art. 222º, p. 539, entende que podem socorrer-se também desta providência os cidadãos estrangeiros, não obstante a limitação dos seus direitos políticos, a que aludem o nº 2 do art. 222º e o nº 2 do art. 220º.

[180] Germano Marques da Silva, *ob, cit.*, vol. II, 4ª Edição, p. 363.

DAS MEDIDAS DE COACÇÃO

A deliberação pode ser tomada no sentido: *a)* indeferir o pedido por falta de fundamento bastante; *b)* Mandar colocar imediatamente o preso à ordem do Supremo Tribunal de Justiça e no local por este indicado, nomeando um juiz para proceder a averiguações, dentro do prazo que lhe for fixado, sobre as condições de legalidade da prisão, devendo o respectivo relatório ser apresentado à secção criminal, a fim de ser tomada a decisão que ao caso couber dentro do prazo de *oito dias*; *c)* mandar apresentar o preso no tribunal competente e no prazo de *24 horas*, sob pena de *desobediência qualificada*; ou *d)* Declarar ilegal a prisão e, se for caso disso, ordenar a libertação imediata (art. 223º números 4 e 5).

Se o Supremo Tribunal de Justiça julgar a petição de *habeas corpus* manifestamente infundada, condena o peticionante ao pagamento de uma soma entre seis e trinta UCs. (nº 6).

2.7. Incumprimento da decisão do STJ sobre a petição de *habeas corpus*

O incumprimento da decisão do Supremo Tribunal de Justiça sobre a petição de *habeas corpus*, relativa ao destino a dar à pessoa presa, é punível com as penas previstas no artigo 369º, números 4 e 5, do Código Penal, conforme o caso (art. 224º, do CPP)[181].

---

[181] *Código Penal* «Artigo 369º *(Denegação de justiça e prevaricação)* 1. O funcionário que, no âmbito de inquérito processual, processo jurisdicional, por contra-ordenação ou disciplinar, conscientemente e contra direito, promover ou não promover, conduzir, decidir ou não decidir, ou praticar acto no exercício de poderes decorrentes do cargo que exerce, é punido com pena de prisão até dois anos ou com pena de multa até 120 dias. 2. Se o facto for praticado com intenção de prejudicar ou beneficiar alguém, o funcionário é punido com pena de prisão até cinco anos. 3. Se, no caso do nº 2, resultar privação da liberdade de uma pessoa, o agente é punido com pena de prisão de um a oito anos. 4. Na pena prevista no número anterior incorre o funcionário que, sendo para tal competente, ordenar ou executar medida privativa da liberdade de forma ilegal, ou omitir ordená-la ou executá-la nos termos da lei. 5. No caso referido no número anterior, se o facto for praticado com negligência grosseira, o agente é punido com pena de prisão até dois anos ou com pena de multa».

DAS MEDIDAS DE COACÇÃO E DE GARANTIA PATRIMONIAL

Secção V
Indemnização por Privação
da Liberdade Ilegal ou Injustificada

1. Considerações gerais

Dispõe o art. 27º, nº 5, da Constituição da República que «*A privação da liberdade contra o disposto na Constituição e na lei constitui o Estado no dever de indemnizar o lesado nos termos que a lei estabelecer*». De modo semelhante dispõe, também, a Convenção Europeia dos Direitos do Homem, art. 5º, nº 5, aprovada pela lei nº 65/78, de 13 de Outubro[182].

Em obediência ao disposto nos referidos normativos, dispõe o art. 225º, do CPP[183]: «*1. Quem tiver sofrido detenção, prisão preventiva ou obrigação de permanência na habitação pode requerer, perante o tribunal competente, indemnização dos danos sofridos quando: a) A privação da liberdade for ilegal, nos termos do nº 1 do artigo 220º, ou do nº 2 do artigo 222º; b) A privação da liberdade se tiver devido a erro grosseiro na apreciação dos pressupostos de facto de que dependia; ou c) Se comprovar que o arguido não foi agente do crime ou actuou justificadamente. 2. Nos casos das alíneas b) e c) do número anterior o dever de indemnizar cessa se o arguido tiver concorrido, por dolo ou negligência, para a privação da sua liberdade*».

2. Fundamentos da indemnização

Dispõe a alínea *a*) do nº 1, do art. 225º referido, que há lugar a indemnização se a ***detenção for ilegal*** por algum dos seguintes fundamentos: *estar excedido o prazo para entrega do detido ao poder judicial; manter-se a detenção fora dos locais legalmente permitidos; ter sido a detenção efectuada ou ordenada por entidade incompetente; ou ser a detenção motivada por facto pelo qual a lei não permite* (nº 1, do art. 220º).

Haverá, igualmente, lugar a indemnização por ***prisão ilegal*** por algum dos fundamentos seguintes: *ter sido efectuada ou ordenada por entidade*

---

[182] *CEDH*, art. 5º, nº 5: «Qualquer pessoa vítima de prisão ou detenção em condições contrárias às disposições deste artigo tem direito a indemnização». Cfr., também, art. 9º, nº 5, do Pacto Internacional de Direitos Cívicos e Políticos de 1966.

[183] A indemnização a atribuir ao arguido no caso de sentença absolutória no juízo de revisão, está prevista nos artigos 461º e 462º, do CPP.

incompetente; ser motivada por facto pelo qual a lei a não permite; ou manter-se para além dos prazos fixados pela lei ou por decisão judicial (nº 2 do artigo 222º).

A alínea *b*) prevê a indemnização por *privação da liberdade devida a erro grosseiro na apreciação dos pressupostos de facto de que dependia.*

Erro grosseiro é o erro escandaloso, em que um agente minimamente cuidadoso não incorreria.

Causa de indemnização é, também, a privação da liberdade, *comprovando-se que o arguido não foi agente do crime ou actuou justificadamente* (al. *c*)).

Esta situação ocorrerá quando, face aos indícios recolhidos, a privação da liberdade foi correctamente ordenada e executada, porém, posteriormente, veio a comprovar-se não ser o arguido agente do crime ou ter actuado justificadamente.

Os casos de *absolvição por carência de prova* não são, a nosso ver, por via de regra, passíveis de indemnização, na medida em que, tal não significa que o arguido não tenha, necessariamente, praticado os factos, apenas se declara, em obediência ao princípio *in dubio pro reo*[184], não se provar

---

[184] O princípio *in dubio pro reo* significa que, um non liquet na questão da prova tem de ser sempre valorado a favor do arguido, não apenas em relação aos elementos constitutivos do tipo de crime, mas também quanto aos tipos justificadores. Em caso de dúvida em matéria probatória absolve-se o arguido.

O princípio *in dubio pro reo*, na medida em que prescreve que em caso de dúvida quanto à matéria probatória a decisão deve ser a mais favorável ao arguido, é um corolário do **princípio da presunção de inocência** do arguido.

Nas palavras de José Souto de Moura (A questão da Presunção de Inocência do Arguido, *RMP*, nº 42, ano 11º, pp. 45-46), «parte importante do fundamento da decisão reside na matéria de facto dada por provada, ou seja, nas provas. O *«in dubio»* é a dúvida, ou seja, a não prova, o infundado. Na "não prova" não se pode cimentar o quer que seja. Nem a absolvição nem a condenação. Mas porque o juiz não pode terminar o julgamento com um *non liquet* tem que optar por uma coisa ou outra. Porque é que vai optar pela absolvição? Porque as consequências da "não prova" devem ser sofridas por quem tinha a obrigação de fazer a prova.

Em primeiro lugar o Ministério Público, e subsidiariamente o juiz. Responsável pelo estado da dúvida não pode ser o arguido, porque a este não incumbe um esclarecimento no sentido de se dar por segura, logicamente, a sua inocência...».

Saliente-se que, e recorrendo, uma vez mais, às palavras de Souto Moura, «num puro sistema acusatório conjugado com o princípio da inocência, a **acusação tem o ónus de provar os factos que imputa ao arguido**. Se o não conseguir, nem por isso a defesa tem qualquer ónus de provar a inocência para que a absolvição surja. A absolvição surgirá, exactamente porque o juiz se não poderá substituir à acusação na prova dos factos que a este interessam. O **princípio da inocência opera assim uma concentração do ónus da prova na acusação**, dispensando a defesa de qualquer ónus. E percebe-se: se se ficciona o arguido inocente, para que é que se vai provar...

DAS MEDIDAS DE COACÇÃO E DE GARANTIA PATRIMONIAL

que os praticou, não estando, assim, provado que o arguido não foi o agente do crime.

O arguido actua justificadamente sempre que o faça ao abrigo de alguma causa de exclusão da ilicitude ou da culpa, quer prevista no Código Penal (legítima defesa, art. 32º, direito de necessidade, art. 34º, estado de necessidade desculpante, art. 35º, conflito de deveres, art. 36º, obediência indevida desculpante, art. 37º), quer prevista em qualquer outra lei[185].

Nos casos das alíneas a) e b) referidas, cessa o dever de indemnizar se o arguido tiver concorrido, por dolo ou negligência, para a privação da sua liberdade, o que, naturalmente, se compreende (nº 2 do art. 225º).

Como é referido por Germano Marques da Silva, a lei, ao que parece, considerou a circunstância de nas fases do processo em que é normalmente aplicada a prisão preventiva o comportamento do arguido pode ter muita influência na apreciação dos pressupostos, v. g., porque fornece uma identificação errada, porque declara factos que não cometeu

a inocência? A haver algo que careça de prova é o contrário, ou seja a culpa» (itálicos nossos). A não prevalência do princípio in dubio pro reo, como princípio jurídico acerca da prova dos factos, consigna a violação do princípio da culpa quando o juiz não convencido sobre a existência dos pressupostos de facto, pronuncia uma sentença de condenação.

O princípio in dubio pro reo, como corolário importante na materialização do princípio da presunção de inocência, apresenta-se-nos como limite normativo do princípio da livre apreciação de prova, pois impede o julgador de tomar uma decisão segundo o seu critério no que respeita aos factos duvidosos desfavoráveis ao arguido, uma vez que os factos favoráveis devem dar-se como provados, quer sejam certos ou duvidosos (Cristina Libano Monteiro, «Perigosidade de Inimputáveis e In Dubio Pro Reo», B.F.D. Studia Jurídica Universidade de Coimbra, Coimbra Editora, nº 24, 1997, pp. 51, 53 e 166).

O princípio in dubio pro reo é, pois, uma garantia subjectiva e, além disso, uma imposição dirigida ao juiz no sentido de este se pronunciar de forma favorável ao arguido, quando não tiver a certeza sobre os factos decisivos para a solução da causa.

O princípio in dubio pro reo não só limita o exercício do ius puniendi do Estado, como legitima a sua intervenção. A comunidade jurídica jamais acataria uma condenação baseada em suspeitas, porque a mesma seria contrária à justiça.

[185] Código Penal, «Artigo 31º (Exclusão da ilicitude) 1. O facto não punível quando a sua ilicitude for excluída pela ordem jurídica considerada na sua totalidade. 2. Nomeadamente, não é ilícito o facto praticado: a) Em legítima defesa; b) No exercício de um direito; c) No cumprimento de um dever imposto por lei ou por ordem legítima da autoridade; ou d) Com o consentimento do titular do interesse jurídico lesado».

ou porque tendo a possibilidade de obstar ao erro, fornecendo provas, as omitiu dolosa ou culposamente. Por isso que tal limitação não existe no caso de sentença absolutória no juízo de revisão, pois que se pressupõe que o juízo de condenação é necessariamente mais exigente que o juízo de indiciação[186].

Trata-se, como refere Manuel Maia Gonçalves, da responsabilidade do Estado por actos de gestão pública, mas integrados na função judicial do Estado, daí que a competência pertença ao foro comum e não ao administrativo[187-188].

3. Prazo e legitimidade para o pedido da indemnização

Estabelece o n.º 1 do art. 226.º, do CPP que o pedido de indemnização não pode, em caso algum, ser proposto depois de decorrido um ano sobre o momento em que o detido ou preso foi libertado ou foi definitivamente decidido o processo penal respectivo.

Em caso de morte do injustificadamente privado da liberdade e desde que não tenha havido renúncia da sua parte, pode a indemnização ser requerida pelo cônjuge não separado de pessoas e bens, pelos descendentes e pelos ascendentes. A indemnização arbitrada às pessoas que a houveram requerido não pode, porém, no seu conjunto, ultrapassar a que seria arbitrada ao detido ou preso (n.º 2).

Tem, pois, legitimidade para requerer o pedido de indemnização a pessoa que foi privada ilegal ou injustificadamente da sua liberdade. Em caso de sua morte, e desde que não tenha havido renúncia ao direito da sua parte, tem legitimidade para requerer a indemnização o cônjuge não separado de pessoas e bens, os descendentes e os ascendentes. Neste caso, a indemnização não pode, porém, no seu conjunto, ultrapassar a que seria arbitrada ao detido ou preso.

---

[186] *Curso de Processo Penal, cit.*, vol. II, 4ª Edição, p. 365.

[187] In *Código de Processo Penal..., cit.*, 17ª Edição 2009, anotação ao art. 225.º, p. 559.

[188] Neste sentido, jurisprudência uniforme do Supremo Tribunal Administrativo. Vide Acórdão do Tribunal de Conflitos, de 18 de Janeiro de 1996, *BMJ*, 453, p. 152: «I – Se a prisão preventiva resulta de acto jurisdicional, o pedido de indemnização por danos dela decorrente não respeita a litígio emergente de relação jurídica administrativa. II – O conhecimento da acção em que tal pedido se formula está assim excluído do âmbito da jurisdição administrativa, e cabe aos tribunais comuns».

O prazo para a formulação do pedido de indemnização caduca após o decurso de um ano sobre o momento em que o detido ou preso foi libertado ou foi definitivamente decidido o processo penal respectivo[189].

Secção VI
Medidas de coacção aplicáveis a pessoas que tiverem penetrado ou permaneçam irregularmente em território nacional, ou contra as quais estiver em curso processo de extradição ou de expulsão

1. Considerações gerais

Estatui o art. 27º, nº 2, da Constituição da República, que «*Ninguém pode ser total ou parcialmente privado da liberdade, a não ser em consequência de sentença judicial condenatória pela prática de acto punido por lei com pena de prisão ou de aplicação judicial de medida de segurança*».

Exceptua-se deste princípio a privação da liberdade resultante de «*Prisão, detenção ou outra medida coactiva sujeita a controlo judicial, de pessoa que tenha penetrado ou permaneça irregularmente no território nacional ou contra a qual esteja em curso processo de extradição ou de expulsão*» (al. *c*), do nº 3, do mesmo preceito constitucional).

Nesta conformidade, prevê o art. 202º, nº 1, al. *f*), do CPP, a prisão preventiva *de pessoa que tiver penetrado ou permaneça irregularmente em território nacional, ou contra a qual estiver em curso processo de extradição ou de expulsão*.

As condições de entrada, permanência, saída e afastamento de cidadãos estrangeiros do território nacional, encontram-se reguladas na Lei

---

[189] Acórdão do Supremo Tribunal de Justiça, de 30 de Outubro de 2001, *C.J. – Acórdãos do STJ* – Ano IX, 2001, Tomo III, p. 100: «Tendo o arguido sido restituído à liberdade antes do julgamento, por despacho que revogou a sua situação de prisão preventiva, o prazo de caducidade do direito a indemnização – previsto no art. 226º, nº 1, do CPP de 1987 – com fundamento em que a prisão foi injustificada, conta-se a partir da data da sua libertação e não da data do acórdão da Relação que confirmou esse despacho nem da data do trânsito em julgado do acórdão que conheceu do recurso da sentença».

DAS MEDIDAS DE COACÇÃO

nº 23/2007, de 4 de Julho, regulamentada pelo Decreto Regulamentar nº 84/2007, de 5 de Novembro.

2. Entrada e saída do território nacional

A entrada e a saída do território português devem efectuar-se pelos postos de fronteira qualificados para esse efeito e durante as horas do respectivo funcionamento, sem prejuízo do disposto na Convenção de Aplicação sobre a livre circulação de pessoas (art. 6º, nº 1, da referida Lei nº 23/2007, de 4 de Julho).

Para entrada ou saída do território português os estrangeiros têm de ser portadores de um documento de viagem reconhecido como válido, cuja validade deverá ser superior à duração da estada, salvo quando se tratar da reentrada de um estrangeiro residente no País (art. 9º, números 1 e 2, do mesmo Decreto-Lei).

Podem igualmente entrar no País ou sair dele os estrangeiros que: *a*) sejam nacionais de Estados com os quais Portugal tenha convenções internacionais que lhes permitam a entrada com o bilhete de identidade ou documento equivalente; *b*) sejam abrangidos pelas convenções relevantes entre os Estados Partes do Tratado do Atlântico Norte; *c*) sejam portadores de *laissez-passer* emitido pelas autoridades do Estado de que são nacionais ou do Estado que os represente, o qual só é válido para trânsito e, quando emitido em território português, apenas permite a saída do país; *d*) sejam portadores de licença de voo ou do certificado de tripulante a que se referem os anexos números 1 e 9 à Convenção sobre Aviação Civil Internacional, ou de outros documentos que os substituam, quando em serviço; *e*) sejam portadores do documento de identificação de marítimo a que se refere a Convenção nº 108 da Organização Internacional do Trabalho, quando em serviço; *f*) sejam nacionais de Estados com os quais Portugal tenha convenções internacionais que lhes permitam a entrada apenas com a cédula de inscrição marítima, quando em serviço; *g*) os nacionais de Estados, com passaporte caducado, com os quais Portugal tenha acordos nesse sentido; *h*) podem ainda sair do território português os cidadãos estrangeiros habilitados com salvo-conduto ou com documento de viagem para expulsão de cidadão nacional de Estado terceiro (art. 9º, números 3 a 6, do mesmo diploma legal).

Para a entrada em território nacional, devem igualmente os estrangeiros ser titulares de ***visto*** válido e adequado à finalidade da deslocação,

DAS MEDIDAS DE COACÇÃO E DE GARANTIA PATRIMONIAL

que habilita o seu titular a apresentar-se num posto de fronteira e a solicitar a entrada no País. Podem, no entanto, entrar no País *sem visto*: *a*) os cidadãos estrangeiros habilitados com título de residência, prorrogação de permanência, ou com cartão de identidade emitido pelo Ministério dos Negócios Estrangeiros, ouvido o Serviço de Estrangeiros e Fronteitas (SEF), quando válidos; e *b*) os cidadãos estrangeiros que beneficiem desta faculdade nos termos de convenções internacionais de que Portugal seja Parte (arts. 10º números 1 a 3 e 87º, nº 2º, do mesmo diploma legal).

Não é permitida a entrada no País de cidadãos estrangeiros que não disponham de *meios de subsistência suficientes*, quer para o período da estada quer para a viagem para o país no qual a sua admissão esteja garantida, ou que não estejam em condições de adquirir legalmente esses meios. Ainda para efeitos de entrada e permanência, devem os cidadãos estrangeiros dispor, em *meios de pagamento*, per capita, dos valores fixados por portaria dos Ministros da Administração Interna e do Trabalho e da Solidariedade Social, os quais podem ser dispensados aos que provem ter alimentação e alojamento assegurados durante a respectiva estada (art. 11º, da referida Lei nº 23/2007, de 4 de Julho).

Em alternativa aos meios de subsistência e de pagamento referidos pode, o nacional de Estado terceiro apresentar termo de responsabilidade, subscrito por cidadão nacional ou estrangeiro habilitado a permanecer regularmente em território português, o qual inclui obrigatoriamente o compromisso de assegurar: *a*) as condições de estada em território nacional; e *b*) a reposição dos custos de afastamento, em caso de permanência ilegal, para cuja obrigação o termo de responsabilidade constitui título executivo (art. 12º, nºs 1, 2 e 4).

3. Expulsão de cidadãos estrangeiros do território nacional: expulsão determinada por autoridade judicial, expulsão determinada por autoridade administrativa e seus pressupostos

3.1. Pressupostos da expulsão, competência processual, país de destino e prazo de interdição de entrada

Sem prejuízo das disposições constantes de convenções internacionais de que Portugal seja Parte ou a que se vincule, é expulso do território

DAS MEDIDAS DE COACÇÃO

português, sem prejuízo da responsabilidade criminal a que haja lugar, o cidadão estrangeiro:

a) Que entre ou permaneçam irregularmente no território português;
b) Que atente contra a segurança nacional, a ordem pública;
c) Cuja presença ou actividades no País constituam ameaça aos interesses ou à dignidade do Estado Português ou dos seus nacionais;
d) Que interfira de forma abusiva no exercício de direitos de participação política reservados aos cidadãos nacionais;
e) Que tenha praticado actos que, se fossem conhecidos pelas autoridades portuguesas, teriam obstado à sua entrada no País;
f) Em relação ao qual existam sérias razões para crer que cometeu actos criminosos graves ou que tenciona cometer actos dessa natureza, designadamente no terrritório da União Europeia (art. 134º, nºs 1 e 2, da referida Lei nº 23/2007).

Aos refugiados aplicar-se-á sempre o regime mais benéfico que resulte de lei ou convenção internacional a que o Estado Português esteja obrigado (nº 3, do mesmo preceito legal).

Não podem ser expulsos do País, os cidadãos estrangeiros que: tenham nascido em território português e aqui residam; tenham efectivamente a seu cargo filhos menores de nacionalidade portuguesa a residir em Portugal; tenham filhos menores, nacionais de Estado terceiro, residentes em território português, sobre os quais exerçam efectivamente o poder paternal e a quem assegurem o sustento e a educação; e os que se encontrem em Portugal desde idade inferior a 10 anos e aqui residam (art. 135º).

Ao cidadão estrangeiro **não residente** no País pode ainda ser aplicada a *pena acessória de expulsão*, em caso de condenação por crime doloso (e não negligente) em pena superior a 6 meses de prisão **efectiva** ou em pena de multa em alternativa à pena de prisão superior a 6 meses (art. 151º, nº 1, da citada Lei).

Ao cidadão estrangeiro **residente** no País pode, também, ser aplicada a mesma *pena acessória*, porém, apenas em caso de condenação por crime doloso em pena superior a 1 ano de prisão, devendo, porém, ter-se em conta, na sua aplicação, a gravidade dos factos praticados pelo arguido, a sua personalidade, a eventual reincidência, o grau de inserção na vida social, a prevenção especial e o tempo de residência em Portugal (nº 2, do mesmo preceito legal).

Ao estrangeiro com **residência permanente** em Portugal, a *pena acessória de expulsão* só pode ser aplicada quando a sua conduta constitua uma ameaça suficientemente grave para a ordem pública ou segurança nacional (nº 3, do referido art. 151º).

Sendo decretada a *pena acessória de expulsão*, a mesma é executada, cumpridos que sejam dois terços da pena de prisão, por decisão do juiz de execução de penas, o qual pode decidir a antecipação da execução da pena acessória referida, em substituição da concessão de liberdade condicional, logo que julgue preenchidos os pressupostos desta e desde que esteja cumprida metade da pena de prisão (art. 151º, nºs 4 e 5).

Aos estrangeiros com **processo de expulsão**, para além das medidas de coacção previstas no Código de Processo Penal, com excepção da prisão preventiva, podem ainda ser aplicadas pelo juiz, havendo perigo de fuga, as seguintes:

a) *Apresentação periódica no Serviço de Estrangeiros e Fronteiras;*
b) *Obrigação de permanência na habitação com utilização de meios de vigilância electrónica, nos termos da lei;*
c) *Colocação do expulsando em centro de instalação temporária*[190] *ou em espaço equiparado, nos termos da lei* sendo, para o efeito, competentes os tribunais de pequena instância criminal ou os tribunais de comarca do local onde for encontrado o cidadão estrangeiro (art. 142º, da presente Lei nº 23/2007, de 4 de Julho).

3.1.1. Competência processual
É competente para mandar instaurar processos de expulsão e para ordenar o prosseguimento dos autos, determinando, nomeadamente, o seu envio para tribunal competente, o director-geral do Serviço de Estran-

---

[190] As condições da colocação de estrangeiros em centros de instalação estão reguladas na Lei nº 34/94, de 14 de Setembro, com as alterações introduzidas pela presente lei (revogou o art. 6º).

geiros e Fronteiras, que pode delegar nos directores regionais do Serviço. Compete igualmente ao director-geral do Serviço de Estrangeiros e Fronteiras a decisão de arquivamento do processo (art. 141º, da mesma lei).

3.1.2. *País de destino*

A expulsão não pode ser efectuada para qualquer país onde o estrangeiro possa ser perseguido pelos motivos que, nos termos da lei, justificam a concessão do direito de asilo ou onde o cidadão estrangeiro possa sofrer tortura, tratamento desumano ou degradante na acepção do artigo 3º da Convenção Europeia dos Direitos do Homem, devendo o interessado, para poder beneficiar desta garantia, invocar o receio de perseguição e apresentar a respectiva prova no prazo que lhe vier a ser concedido. Provado o receio de perseguição, o expulsando deverá ser encaminhado para outro país que o aceite (art. 143º da referida lei).

3.1.3. *Prazo de interdição de entrada*

Ao estrangeiro expulso é vedada a entrada em território nacional por período não inferior a cinco anos (art. 144º).

3.2. Expulsão determinada por autoridade judicial. Recurso da decisão de expulsão

A expulsão é determinada por autoridade judicial quando:

- *a)* Revista a *natureza de pena acessória*;
- *b)* O cidadão estrangeiro, objecto da decisão, tenha entrado ou permanecido regularmente em Portugal (art. 140º, nº 2).

É competente para aplicar a ***expulsão enquanto pena acessória*** (art. 151º) o tribunal que proferiu a condenação no processo crime em que a mesma foi aplicada. São competentes para aplicação da ***medida autónoma de expulsão***:

- *a)* Nas respectivas áreas de jurisdição, os tribunais de pequena instância criminal;
- *b)* Nas restantes áreas do País, os tribunais de comarca.

DAS MEDIDAS DE COACÇÃO E DE GARANTIA PATRIMONIAL

A competência territorial determina-se em função da residência em Portugal do cidadão estrangeiro ou, na falta desta, do lugar em que for encontrado (art. 152º)[191].

3.2.1. *Recurso da decisão de expulsão*

Da decisão de expulsão determinada por autoridade judicial cabe recurso para o tribunal da Relação. O recurso tem efeito meramente devolutivo, devendo, em tudo quanto não esteja especialmente regulado, observar-se, com as necessárias adaptações, o disposto no Código de Processo Penal sobre o recurso ordinário (art. 158º).

3.3. Expulsão determinada por autoridade administrativa: detenção de cidadão ilegal, processo e decisão de expulsão, notificação da decisão de expulsão, impugnação judicial da decisão, execução e comunicação da decisão de expulsão e desobediência da decisão de expulsão

3.3.1. *Detenção de cidadão ilegal*

A expulsão só pode ser determinada pela autoridade administrativa com fundamento *na entrada ou permanência ilegais em território nacional,* sem prejuízo da aplicação do regime de readmissão (art. 145º).

O cidadão estrangeiro que entre ou permaneça ilegalmente em território nacional é detido por autoridade policial e, sempre que possível, entregue ao Serviço de Estrangeiros e Fronteiras acompanhado do respectivo auto, devendo o mesmo ser presente, no prazo máximo de *quarenta e oito horas* após a detenção, ao juiz do juízo de pequena instância criminal, na respectiva área de jurisdição, ou do tribunal de comarca, nas restantes áreas do País, para a sua validação e eventual aplicação de medidas de coacção (art. 146º, nº 1).

São competentes para efectuar as detenções as autoridades e os agentes da autoridade do Serviço de Estrangeiros e Fronteiras, da Guarda Nacional Republicana, da Polícia de Segurança Pública, da Polícia Judiciária e da Polícia Marítima (nº 7, do mesmo preceito legal).

---

[191] Sobre o processo de expulsão, julgamento, adiamento da adiência, aplicação subsidiária do processo sumário e conteúdo da decisão, cfr. arts. 153º a 157º, da Lei nº 23/2007, de 4 de Julho.

DAS MEDIDAS DE COACÇÃO

Se for determinada a detenção em centro de instalação temporária ou espaço equiparado, é dado conhecimento do facto ao SEF para que promova o competente processo visando o afastamento do cidadão estrangeiro do território nacional. Esta detenção não pode prolongar-se por mais tempo do que o necessário para permitir a execução da decisão de expulsão, sem que possa exceder 60 dias (nºs 2 e 3 do referido art. 146º).

No caso de não ser determinada a detenção em centro de instalação temporária, é igualmente feita a comunicação ao SEF para os mesmos fins, notificando-se o cidadão estrangeiro de que deve comparecer no respectivo serviço (nº 4).

Não é organizado processo de expulsão contra o cidadão estrangeiro que, tendo entrado irregularmente no território nacional, apresente um *pedido de asilo* a qualquer autoridade policial dentro das *quarenta e oito horas* após a sua entrada. Neste caso, o cidadão estrangeiro aguardará em liberdade a decisão do seu pedido, devendo ser informado pelo Serviço de Estrangeiros e Fronteiras dos seus direitos e obrigações, de harmonia com o disposto na lei reguladora do direito de asilo (nºs 5 e 6).

3.3.2. *Processo e decisão de expulsão*
Durante a instrução do processo de expulsão é assegurada a audição, que vale, para todos os efeitos, como audiência do interessado, da pessoa contra a qual o mesmo foi instaurado, a qual goza de todas as garantias de defesa (art. 148º, nºs 1 e 2).

O instrutor deverá promover as diligências consideradas essenciais para o apuramento da verdade, podendo recusar, em despacho fundamentado, as requeridas pela pessoa contra a qual foi instaurado o processo, quando julgue suficientemente provados os factos alegados por esta (nº 3, do mesmo preceito legal).

Concluída a instrução, é elaborado o respectivo relatório, no qual o instrutor fará a descrição e apreciação dos factos apurados, propondo a resolução que considere adequada, posto o que é o processo presente à entidade competente para proferir a decisão (nº 4).

A decisão de expulsão é da competência do director-geral do Serviço de Estrangeiros e Fronteiras (nº 1 do art. 149º, da presente Lei nº 23/ /2007, de 4 de Julho).

3.3.3. Notificação da decisão de expulsão

A decisão de expulsão deverá ser comunicada por via electrónica ao Alto Comissariado para a Imigração e Diálogo Intercultural (ACIDI, IP) e ao Conselho Consultivo e notificada à pessoa contra a qual foi instaurado o processo, com indicação dos seus fundamentos, do direito de impugnação judicial e do respectivo prazo, bem como da sua inscrição no Sistema de Informação Schengen ou na lista nacional de pessoas não admissíveis.

A decisão de expulsão contém obrigatoriamente:

a) Os fundamentos;
b) As obrigações legais do expulsando;
c) A interdição de entrada em território nacional, com a indicação do respectivo prazo;
d) A indicação do país para onde não deve ser encaminhado o cidadão estrangeiro que beneficie da garantia prevista no art. 143º (art. 149º).

3.3.4. Impugnação Judicial da decisão

A decisão de expulsão proferida pelo director-geral do Serviço de Estrangeiros e Fronteiras pode ser judicialmente impugnada, com efeito meramente devolutivo, sendo a validade da decisão apreciada pelos tribunais administrativos (art. 150º).

3.3.5. Execução da decisão de expulsão: competência, e comunicação da expulsão

Compete ao Serviço de Estrangeiros e Fronteiras dar execução às decisões de expulsão (art. 159º da referida Lei nº 23/2007, de 4 de Julho).

A execução da decisão de expulsão deve ser comunicada, pela via diplomática, às autoridades competentes do país de destino do expulsando (art. 162º).

3.3.6. Desobediência à decisão de expulsão

O cidadão estrangeiro contra quem haja sido proferida decisão de expulsão deve abandonar o território nacional, ficando entregue à custódia do SEF, com vista à execução da decisão de expulsão, podendo, no entanto,

DAS MEDIDAS DE COACÇÃO

ser-lhe dada a possibilidade de abandonar o território nacional, no prazo que lhe for fixado (art. 160º, nºs 1 e 2)[192].

O cidadão estrangeiro que não abandone o território nacional no prazo que tiver sido fixado é detido e conduzido ao posto de fronteira para afastamento do território nacional. Se não for possível executar a decisão de expulsão no prazo de quarenta e oito horas após a detenção, é dado conhecimento do facto ao juiz do juízo de pequena instância criminal, na respectiva área de jurisdição, ou do tribunal de comarca, nas restantes áreas do País, a fim de ser determinada a manutenção do cidadão estrangeiro em centro de instalação temporária ou em espaço equiparado (art. 161º).

---

[192] Enquanto não for executada a decisão de expulsão ou enquanto não expirar o prazo que lhe for fixado, pode ser requerido ao juiz competente que o expulsando fique sujeito ao regime: *a)* de colocação em centro de instalação temporária ou espaço equiparado; *b)* de obrigação de permanência na habitação com utilização de meios de vigilância electrónica; *c)* de apresentação periódica no SEF ou às autoridades policiais (art. 160º, nº 3).

Capítulo II
Das Medidas de Garantia Patrimonial

1. Considerações gerais

O Código de Processo Penal actual prevê apenas duas medidas de garantia patrimonial com função cautelar: a *caução económica* (art. 227º) e o *arresto preventivo* (art. 228º).

A aplicação das medidas de garantia patrimonial obedece às condições gerais, pressupostos e princípios que analisámos a propósito das medidas de coacção, designadamente, os princípios da *legalidade* ou da *tipicidade* (art. 191º, nº 1, do CPP), da *adequação* e da *proporcionalidade* (art. 193º, do CPP) e da *necessidade* (art. 192º, nº 2, do mesmo diploma legal), para aí se remetendo.

2. Caução económica

Estatui o art. 227º, do CPP que: «*1. havendo fundado receio de que faltem ou diminuam substancialmente as garantias de pagamento da pena pecuniária, das custas do processo ou de qualquer outra dívida para com o Estado relacionada com o crime, o Ministério Público requer que o arguido preste caução económica. O requerimento indica os termos e modalidades em que deve ser prestada. 2. Havendo fundado receio de que faltem ou diminuam substancialmente as garantias de pagamento da indemnização ou de outras obrigações civis derivadas do crime, o lesado pode requerer que o arguido ou o civilmente responsável prestem caução económica, nos termos do número anterior. 3. A caução económica prestada a requerimento do Ministério Público aproveita também o lesado. 4. A caução económica mantém-se distinta e autónoma relativamente à caução referida no artigo 197º e subsiste até à*

DAS MEDIDAS DE COACÇÃO E DE GARANTIA PATRIMONIAL

decisão final absolutória ou até à extinção das obrigações. Em caso de condenação são pagas pelo seu valor, sucessivamente, a multa, a taxa de justiça, as custas do processo e a indemnização e outras obrigações civis».

A *caução económica*, enquanto medida de garantia patrimonial com função cautelar tem, assim, como finalidade processual, como aliás, o *arresto preventivo*, garantir o pagamento da pena pecuniária (multa), das custas do processo ou de qualquer outra dívida para com o Estado relacionada com o crime, indemnização ou outras obrigações civis derivadas do crime (art. 227º, nºs 1 e 2, do CPP).

A *caução económica* não deve confundir-se com a *caução* prevista no art. 197º, do CPP. A *caução económica* como medida de garantia patrimonial e a caução como medida de coacção, distinguem-se, essencialmente, pela sua finalidade. Enquanto a caução económica destina-se a assegurar o pagamento da pena pecuniária (multa), das custas do processo ou de qualquer outra dívida ao Estado, indemnização ou outras obrigações civis derivadas do crime, a caução destina-se a acautelar o cumprimento, pelo arguido, das suas obrigações processuais, *v. g.*, comparência em acto processual a que deva comparecer, cumprimento de obrigações derivadas de medida de coacção que lhe tiver sido imposta, etc. (art. 208º, nº 1, do CPP).

Por outro lado, os critérios para a sua fixação não são também os mesmos. A *caução económica* é aplicável relativamente a qualquer crime, independentemente da sua gravidade e da pena aplicável, desde que se verifique a *probabilidade de um crédito sobre o requerido e fundado receio de que faltem ou diminuam substancialmente as garantias de pagamento*[193].

A *caução económica* mantém-se, assim, distinta e autónoma relativamente à *caução*, subsistindo até à decisão final absolutória ou até à extinção das obrigações (nº 4, do art. 227º, do CPP).

Compreende-se este regime.Visando a caução económica uma função garantística relativamente ao pagamento de certas imposições pecuniárias (pena pecuniária, custas do processo ou qualquer outra dívida para com o Estado relacionada com o crime), a sua duração deve ficar dependente da plena prossecução dessa função, não fazendo sentido limitá-la a uma duração pré-determinada. O mesmo vale quanto ao

---

[193] Germano Marques da Silva, *Curso de Processo Penal, cit.*, vol. II, 4ª Edição, p. 373.

arresto, com a agravante de que esta medida só tem plena justificação para o período durante o qual o arguido não prestar caução económica[194].

Em caso de condenação do arguido são pagos pelo seu valor, sucessivamente, a multa, a taxa de justiça, as custas do processo e a indemnização e outras obrigações civis (art. 227º, nº 4, 2ª parte, do CPP).

A *caução económica* e o *arresto preventivo*, **só podem** ser decretadas pelo juiz, a requerimento do Ministério Público ou do lesado, quer durante o inquérito, quer durante as fases posteriores (arts. 194º, nº 1 e 227º, números 1 e 2). A caução económica prestada a requerimento do Ministério Público aproveita, no entanto, também o lesado (art. 227º, nº 3).

A *caução económica* pode revestir qualquer das modalidades através das quais pode ser prestada também a caução enquanto medida de coacção: depósito, penhor, hipoteca, fiança bancária ou fiança, nos concretos termos em que o Juiz o admitir (art. 206º, nº 1).

Como resulta do disposto nos números 1 e 2, do art. 227º, a *caução económica*, e subsidiariamente o *arresto preventivo*, podem ser aplicados não apenas ao arguido, mas também a terceiros civilmente responsáveis pelo *pagamento da indemnização ou de outras obrigações civis derivadas do crime* (nº 2).

3. Arresto preventivo

Relativamente ao arresto preventivo dispõe o art. 228º, do CPP: «*1. A requerimento do Ministério Público ou do lesado, pode o juiz decretar o arresto, nos termos da lei do processo civil; se tiver sido previamente fixada e não prestada caução económica, fica o requerente dispensado da prova do fundado receio de perda da garantia patrimonial. 2. O arresto preventivo referido no número anterior pode ser decretado mesmo em relação a comerciante. 3. A oposição ao despacho que tiver decretado arresto não possui efeito suspensivo. 4. Em caso de controvérsia sobre a propriedade dos bens arrestados, pode o juiz remeter a decisão para o tribunal civil, mantendo-se entretanto o arresto decretado. 5. O arresto é revogado a todo o tempo em que o arguido ou o civilmente responsável prestem a caução económica imposta*».

---

[194] José António Barreiros, «As Medidas de Coacção e de Garantia Patrimonial no Novo Código de Processo Penal», *Boletim do Ministério da Justiça*, nº 371, 1987, p. 21.

DAS MEDIDAS DE COACÇÃO E DE GARANTIA PATRIMONIAL

O *arresto preventivo*, como resulta do disposto no nº 5, do art. 228º, do CPP, tem natureza subsidiária relativamente à caução económica, só podendo, por isso, ser decretado quando não tenha sido prestada a caução económica anteriormente imposta[195], sendo *revogado a todo o tempo em que o arguido ou o civilmente responsável prestem a caução económica*, o que se compreende. Não sendo prestada caução económica pelo arguido ou pelo civilmente responsável, o arresto subsiste até à decisão final absolutória ou até à extinção das obrigações que assegura (art. 227º, nº 4, do CPP, por analogia).

O *arresto preventivo* distingue-se do *arresto*[196] aplicável no caso de declaração de contumácia, previsto no art. 337º, números 3 e 4, do CPP pelas finalidades a que se destinam. O *arresto preventivo* é uma garantia patrimonial, enquanto o arresto aplicável no caso de declaração de contumácia destina-se a compelir o arguido a comparecer na audiência.

O *arresto preventivo*, tal como a *caução económica*, também pode ser decretado não apenas ao arguido, mas também a terceiros civilmente responsáveis, mesmo em relação a comerciantes (nº 2, do art. 228º, do CPP), pelo pagamento da indemnização ou de outras obrigações civis derivadas do crime.

Nos termos do art. 206, nº 4, do CPP, também ao arguido que não prestar voluntariamente a caução que lhe for imposta como medida de coacção (prevista no art. 197º, do CPP), pode o juiz decretar o *arresto preventivo*, que será naturalmente revogado, *a todo o tempo em que o arguido preste a caução imposta* (art. 228º, nº 5, do CPP).

4. Recurso

Os despachos de aplicação da caução económica ou o arresto preventivo são impugnáveis pela via do recurso, nos termos gerais, sendo, assim, aplicáveis os princípios que referimos a propósito das medidas de coacção.

---

[195] «Decretando-se o arresto sem observância dessa formalidade prévia, comete-se irregularidade processual, de conhecimento oficioso, no momento em que o tribunal dela tomar conhecimento», Acórdão da Relação do Porto, de 20 de Novembro de 1996, *Colectânea de Jurisprudência*, XXI, tomo 5, p. 237.

[196] Que, Germano Marques da Silva designa de *arresto repressivo*, *ob. cit.*, vol. II, 4ª Edição, p. 373.

BIBLIOGRAFIA

AGOSTINHO, Santo, *Civitas dei, volume I*, Fundação Calouste Gulbenkian, 1991.

BARREIROS, José António, «O Julgamento no Novo Código de Processo Penal», *Jornadas de Direito Processual Penal/O Novo Código de Processo Penal*, Centro de Estudos Judiciários, Almedina Coimbra, 1991.

BARREIROS, José António, «As Medidas de Coacção e de Garantia Patrimonial no Novo Código de Processo Penal», *Boletim do Ministério da Justiça*, n.º 371, 1987.

BELEZA, Teresa Pizarro, *Direito Penal, 2º Volume*, Associação Académica da Faculdade de Direito de Lisboa.

BELEZA, Teresa Pizarro, «A Prova», *Apontamentos de Direito Processual Penal, II Volume*, Associação Académica da Faculdade de Direito de Lisboa, 1992.

BELEZA, Teresa Pizarro, «As Medidas de Coacção e de Garantia Patrimonial», *Apontamentos de Direito Processual Penal, II Volume*, Associação Académica da Faculdade de Direito de Lisboa, 1992.

BRAZ, José, *Investigação Criminal – A Organização, o Método e a Prova, Os Desafios da Nova Criminalidade*, Almedina, 2009.

CABRAL, Rita Amaral, O Direito à Intimidade da *Vida Privada (Breve reflexão acerca do artigo 80º do Código Civil), Separata dos Estudos em Memória do Prof. Doutor Paulo Cunha*, Lisboa, 1988.

CANOTILHO, Gomes e Vital Moreira, *Constituição da República Portuguesa Anotada, 2ª Edição*, 1984 (2 volumes).

CANOTILHO, Gomes e Vital Moreira, *Constituição da República Portuguesa Anotada*, Coimbra Editora, 1993.

CANOTILHO, Gomes, *Direito Constitucional e Teoria da Constituição*, 7ª Edição Almedina – Coimbra.

CONCEIÇÃO, Ana Raquel, *Escutas Telefónicas – Regime Processual Penal*, Quid Júris.

CORDEIRO, Robalo, «A Audiência de Julgamento», *Jornadas de Direito Processual Penal/O Novo Código de Processo Penal*, Centro de Estudos Judiciários, Almedina Coimbra, 1991.

COSTA ANDRADE, Manuel da, *Sobre as Proibições de Prova em Processo Penal*, Coimbra Editora, 1992.

COSTA ANDRADE, Manuel da, «*Sobre o Regime Processual Penal das Escutas Telefónicas*», Revista Portuguesa de Ciência Criminal, I.

COSTA ANDRADE, Manuel da, *Consentimento e Acordo em Direito Penal*, Coimbra Editora, 1991.

COSTA ANDRADE, Manuel da, *Liberdade de Imprensa e Inviolabilidade Pessoal*, Coimbra Editora, Coimbra 1996.

COSTA ANDRADE, Manuel da, *Sobre os Crimes de «Devassa da Vida Privada» (art. 192º CP) e «Fotografias Ilícitas» (art. 199º CP)* Apreciação critica ao Acórdão do S.T.J., de 6 de Novembro de 1996, *Revista de Legislação e Jurisprudência*, nº 3885, ano 130º, Coimbra 1998.

COSTA ANDRADE, Manuel da, «Consenso e Oportunidade» *Jornadas de Direito Processual Penal/O Novo Código de Processo Penal*, Centro de Estudos Judiciários, Almedina, 1991.

COSTA, Eduardo Maia, *Fundamento e Posição do Defensor*, RMP nº 49, ano 13, 1992.

COSTA PIMENTA, *Código de Processo Penal Anotado*, 2ª edição, Rei dos Livros, Lisboa, 1991.

CUNHA, José Manuel Damião da, *O Ministério Público e os Órgãos de Policia Criminal no Novo Código de Processo Penal*, Universidade Católica-Editora, Porto 1993.

CUNHA, Maria da Conceição Ferreira da, *Constituição e Crime (Uma Perspectiva da Criminalização e da Descriminalização)* Universidade Católica Portuguesa – Editora, Porto 1995.

CUNHA RODRIGUES, José Narciso, «Liberdade e Segurança», *Comunicação* apresentada no Seminário promovido pela Associação dos Cursos de Auditores de Defesa, realizada no Funchal em 4 e 5 de Fevereiro de 1994, sob o tema «Segurança, Defesa e Desenvolvimento».

CUNHA RODRIGUES, José Narciso, «Recursos», *Apontamentos de Direito Processual Penal*, II Volume, Associação Académica da Faculdade de Direito de Lisboa, 1992.

CUNHA RODRIGUES, José Narciso, «Sobre o Princípio da Igualdade de Armas», *Revista Portuguesa de Ciência Criminal*, Volume I, 1991.

DIAS, Manuel Domingos Antunes, *Liberdade, Cidadania e Segurança*, Almedina – Coimbra 2001.

EDUARDO CORREIA, com a colaboração de Figueiredo Dias, *Direito Criminal*, Almedina, Coimbra 1996, Reimpressão, 2 vol..

FARIA COSTA, José Francisco de, *O Perigo em Direito Penal*, Coimbra Editora, 1992.

FARIA COSTA, José Francisco de, *A Caução de Bem Viver*, Separata do Boletim da Faculdade de Direito da Universidade de Coimbra, Coimbra 1980, Vol. XXI.

FARIA COSTA, José Francisco de, *Os Meios de Comunicação (Correios, Telégrafos, Telefones ou Telecomunicações), o Segredo e a Responsabilidade Penal dos Funcionários*, Separata do Boletim da Faculdade de Direito, Coimbra 1996, Vol. LXXII.

FARIA, Jorge Ribeiro de, «Processo Penal» e «Prova», *Polis, Enciclopédia Verbo da Sociedade e do Estado*, Volume 4.

FERREIRA, Manuel Cavaleiro de, *Curso de Processo Penal*, Volume I, 1986.

FERREIRA, Marques, «Meios de Prova», *Jornadas de Direito Processual Penal/O Novo Código de Processo Penal*, Centro de Estudos Judiciários, Almedina Coimbra, 1991.

FIGUEIREDO DIAS, Jorge de, *A Revisão Constitucional, o Processo Penal e os Tribunais*, Livros Horizonte, 1981.

FIGUEIREDO DIAS, Jorge de, e COSTA ANDRADE, *Criminologia – O Homem Delinquente e a Sociedade Criminógena*, Coimbra Editora, 1992.

FIGUEIREDO DIAS, Jorge de, *Liberdade, Culpa, Direito Penal*, Coimbra Editora 1995.

FIGUEIREDO DIAS, Jorge de, *«As associações Criminosas no Código Penal Português de 1982*, Coimbra Editora, 1988.

FIGUEIREDO DIAS, Jorge de, Liberdade, Culpa, Direito Penal, Coimbra Editora, Coimbra 1993, 3ª Edição.

FIGUEIREDO DIAS, Jorge de, *O Problema da Consciência da Ilicitude em Direito Penal*, Coimbra Editora, Coimbra 1995, 4ª Edição.

FIGUEIREDO DIAS, Jorge de, *Direito Processual Penal*, Coimbra Editora, Coimbra 1974 e 1981.

FIGUEIREDO DIAS, Jorge de, *«A Revisão Constitucional e o Processo Penal»*, *Textos de Direito Processual Penal*, coligidos por Teresa Pizarro Beleza e Frederico Isasca, AA FDL, 1991/ /1992.

BIBLIOGRAFIA

FIGUEIREDO DIAS, Jorge de, «*Sobre os Sujeitos Processuais no Novo Código de Processo Penal*», *Jornadas de Direito Processual Penal*, CEJ, Almedina – Coimbra, 1991.

FIGUEIREDO DIAS, Jorge de, «*Do Princípio da Objectividade ao Princípio da Lealdade do Comportamento do Ministério Público no Processo Penal*», Anotação ao Acórdão do *STJ* nº 5/94, RLJ, Ano 128, nº 3860.

FIGUEIREDO DIAS, Jorge de, *Direito Processual Penal*, Lições coligidas por Maria João Antunes, Coimbra Editora, 1988-9.

FUKUYAMA, Francis, *O Fim da História e o Ultimo Homem*, Gradiva 1992.

GASPAR, António Henriques, «Processos Especiais» *Jornadas de Direito Processual Penal/O Novo Código de Processo Penal*, Centro de Estudos Judiciários, Almedina Coimbra, 1991.

GOMES, Januário, «O Problema da Salvaguarda da Privacidade Antes e Depois do Computador», *Boletim do Ministério da Justiça* nº 340, 1984.

GONÇALVES, Fernando e Manuel João Alves, *Os Tribunais, as Polícias e o Cidadão – O Processo Penal – 2ª Edição*, Almedina, Coimbra, 2002.

GONÇALVES, Fernando e Manuel João Alves, *A Prova do Crime Meios Legais Para a Sua Obtenção*, Amedina, 2009.

GONÇALVES, Fernando, Manuel João Alves e Manuel Monteiro Guedes Valente, *Lei e Crime, o Agente Infiltrado Versus o Agente Procurador, Os Princípios do Processo Penal*, Almedina – Coimbra, 2001.

GONÇALVES, Manuel, «A inimputabilidade Penal e o Código de Processo Penal de 1987, *Revista do Ministério Público*, nº 44, Ano 11º.

GUIMARÃES, Isaac Saabá, *Habeas Corpus, Críticas e Perspectivas*, Juará Editora, Curitiba.

HASSEMER, Winfried, «Processo Penal e Direitos Fundamentais» *Jornadas de Direito Processual Penal e Direitos Fundamentais*, organizadas pela Faculdade de Direito da Universidade de Lisboa e pelo Conselho Distrital de Lisboa da Ordem dos Advogados, com a colaboração do Goethe Institut e coordenação científica de Maria Fernanda Palma, Almedina Coimbra, 2004.

ISASCA, Frederico, *Alteração Substancial dos Factos e Sua Relevância no Processo Penal Português*, 2ª Edição Almedina Coimbra, 1995.

KAFKA, Franz, *O Processo*, Livros do Brasil, Lisboa.

LARGUIER, Jean, *La Procédure Pénal*, Presses Universitaires de France, 1976.

LOPES DA MOTA, José Luís, *Crimes Contra a Autoridade Pública*.

MACHADO, J. Baptista, *Introdução ao Direito e ao Discurso Legitimador*, Coimbra, 1985.

MAIA GONÇALVES, Manuel Lopes da, *Código de Procersso Penal Português, Anotado e Comentado e Legislação Complementar*, 12ª Edição, Almedina, Coimbra, 2001.

MAIA GONÇALVES, Manuel Lopes da, *Código de Procersso Penal Português, Anotado e Comentado e Legislação Complementar*, 17ª Edição, Almedina, Coimbra, 2009.

MAIA GONÇALVES, Manuel Lopes da, «Os Meios de Prova», *Jornadas de Direito Processual Penal/O Novo Código de Processo Penal*, Centro de Estudos Judiciários, Almedina, Coimbra, 1991.

MARTINS, António Carvalho, *O Debate Instrutório no Código de Processo Penal Português de 1987*, Coimbra Editora, 1989.

MIRANDA, Jorge, *Manual de Direito Constitucional, Direitos Fundamentais*, Tomo IV, Coimbra Editora.

MONTEIRO, Cristina Líbano «*Perigosidade de Inimpatriáveis e In Dubio Pro Reo*, B.F.D. Studia Jurídica Universidade de Coimbra, nº 24, 1997, Coimbra Editora.

MOREIRA, Adriano, Revista da Ordem dos Advogados, ano 10.º, nºs 3 e 4.

MOURA, Souto de, «A Questão da Presunção de Inocência do Arguido», *RMP*, nº 42, ano 11º.

MOURA, Souto de, «Inquérito e Instrução» *Jornadas de Direito Processual Penal/O Novo*

Código de Processo Penal, Centro de Estudos Judiciários, Almedina Coimbra, 1991.

NABAIS, José Casalta, «Os Direitos na Constituição Portuguesa», *Boletim do Ministério da Justiça*, nº 400, 1990.

OLIVEIRA, Odete Maria de, «As Medidas de Coacção no Novo Código de Processo Penal», *Jornadas de Direito Processual Penal/O Novo Código de Processo Penal*, Centro de Estudos Judiciários, Almedina Coimbra, 1991.

PALMA, Maria Fernanda, (Declaração de voto) *Acórdão do T.C., nº 116/2002, D.R. – II Série*, nº 106, de 8 de Maio de 2002.

PALMA, Maria Fernanda, «O Problema Penal do Processo Penal», *Jornadas de Direito Processual Penal e Direitos Fundamentais*, organizadas pela Faculdade de Direito da Universidade de Lisboa e pelo Conselho Distrital de Lisboa da Ordem dos Advogados, com a colaboração do Goethe Institut e coordenação científica de Maria Fernanda Palma, Almedina Coimbra, 2004.

PEREIRA, Rui, «O Domínio do Inquérito pelo Ministério Público» *Jornadas de Direito Processual Penal e Direitos Fundamentais*, organizadas pela Faculdade de Direito da Universidade de Lisboa e pelo Conselho Distrital de Lisboa da Ordem dos Advogados, com a colaboração do Goethe Institut e coordenação científica de Maria Fernanda Palma, Almedina Coimbra, 2004.

PEREIRA, Rui, «Entre o "Garantismo" e o "Securitismo" – A Revisão de 2007 do Código de Processo Penal», Simpósio de Homenagem a Jorge de Figueiredo Dias por Ocasião dos 20 Anos do Código de Processo Penal, *Separata de Que Futuro para O Direito Processual Penal*, Coimbra Editora, 2009.

PARECER 119/90 de 10 de Janeiro da Procuradoria-Geral da República, Gabinete de Documentação e Direito Comparado da P.G.R. pp. 428 e 429.

PINHEIRO, Alexandre Sousa e Jorge Menezes de Oliveira, «O Bilhete de Identidade e os Controlos de Identidade», *Revista do Ministério Público*, nº 60, Ano 15, Outubro/Dezembro, 1994.

PINHO, David Valente Borges de, *Da Acção Penal, Tramitação e Formulários*, Almedina Coimbra, 1994.

RIBEIRO, Diaulas Costa, «*Habeas Corpus* no Brasil – Casos Práticos», *Revista Direito e Justiça*, Vol. XI, Tomo I, 1997.

ROCHA, João Luís de Moraes, *Ordem Pública E Liberdade Individual – Um Estudo Sobre a Prisão Preventiva*, Almedina, 2005.

RODRIGUES, Anabela Miranda, «O Inquérito no Novo Código de Processo Penal», *Jornadas de Direito Processual Penal/O Novo Código de Processo Penal*, Centro de Estudos Judiciários, Almedina Coimbra, 1991.

RODRIGUES, Anabela Miranda, «A Celeridade do Processo Penal – Uma Visão de Direito Comparado», *Actas de Revisão do Código de Processo Penal*, Vol. II, Tomo II, 1999, A.R. – Divisão de Edições.

RODRIGUES, Benjamim Silva, *Da Prova Penal, Tomo II, Bruscamente ... A(s) Face(s) Oculta(s) dos Métodos Ocultos de Investigação Criminal*, Rei dos Livros, 2010.

RODRIGUES MAXIMIANO, António Henrique da, *Os Parâmetros Jurídicos do Uso da Força*, Cadernos de Cidadania, Edição Câmara Municipal de Lisboa – Cultura, Biblioteca Museu República e Resistência.

RODRIGUES MAXIMIANO, António Henrique, «*Habeas Corpus*, em virtude de prisão ilegal – art. 222º, do CPP, 1987 – Da Jurisprudência do Supremo Tribunal de Justiça. Reflexões Subsídios para a Comissão Revisora do Código de Processo Penal», *Revista Direito e Justiça*, UCP, Vol. XI, Tomo I, 1997.

SÁ, Fernando Oliveira, «A Medicina Legal Portuguesa e a Peritagem Contraditória», *Boletim do Ministério da Justiça*, nº 303, 1991.

SANTOS, Cláudia Cruz, *Habeas Corpus – Revista Portuguesa de Ciência Criminal*, nº 10, (2000), anotação ao Acórdão do STJ, de 20 de Fevereiro de 1997.

SANTOS, Gil Moreira dos, *O Direto Processual Penal*, Edições Asa.

SARDINHA, José Miguel, «*O Terrorismo e a Restrição dos direitos Fundamentais em Processo Penal*, Coimbra Editora, 1989.

SIMAS SANTOS, LEAL HENRIQUES e D. BORGES PINHO, *Código de Processo Penal Anotado*, Rei dos Livros, Lisboa, 1996.

SILVA, Germano Marques da, *Curso de Processo Penal*, Editorial Verbo, Volumes I, 1993 e Volume III, 1994.

SILVA, Germano Marques da, «Princípios Gerais do Processo Penal e Constituição da República Portuguesa», *Revista Direito e Justiça*, Universidade Católica Portuguesa, Volume III, 1987/1988.

SILVA, Germano Marques da, «Bufos, Infiltrados, Provocadores e Arrependidos», *Revista Direito e Justiça,* F.D.U. Católica, Vol. VIII, Tomo II, 1994.

SILVA, Germano Marques da, *Curso de Processo Penal,* Vol. III, 3ª Edição, Editorial Verbo, 2002.

SILVA, Germano Marques da, *Curso de Processo Penal*, Vol. II, 4ª Edição, Editorial Verbo, 2008.

SILVEIRA, Jorge Noronha e, «O Conceito de Indícios Suficientes no Processo Penal Português» *Jornadas de Direito Processual Penal e Direitos Fundamentais*, organizadas pela Faculdade de Direito da Universidade de Lisboa e pelo Conselho Distrital de Lisboa da Ordem dos Advogados, com a colaboração do Goethe Institut e coordenação científica de Maria Fernanda Palma, Almedina Coimbra, 2004.

SOUSA, João Castro e, *A Tramitação do Processo Penal*, Coimbra Editora, 1985.

SOUSA, João Castro e, «Os Meios de Coacção no Novo Código de Processo Penal», *Jornadas de Direito Processual Penal/O Novo Código de Processo Penal*, Centro de Estudos Judiciários, Almedina Coimbra, 1991.

SOUSA, João Castro e, «A Prisão Preventiva e outros Meios de Coacção (A sua Relação com a Investigação Criminal)» *Boletim do Ministério da Justiça* nº 337, 1984.

STEFANI, Gaston, Georges Levasseur e Bernard Bouloc, *Procédur Pénale*, Dalloz, Paris, 17ª Edition.

TEIXEIRA, Joaquim de Sousa, «Liberdade», *Polis, Enciclopédia Verbo da Sociedade e do Estado*, Volume 3.

VALENTE, Manuel Monteiro Guedes, «Os Princípios Democrático e da Lealdade: Vectores de Orientação dos Órgãos de Polícia Criminal, *Revista Polícia Portuguesa*, Ano LXIII, Série II, nº 124, 2000.

VALENTE, Manuel Monteiro Guedes, *Revistas e Buscas*, Almedina-Coimbra, 2003.

VALENTE, Manuel Monteiro Guedes, *Regime Jurídico da Investigação Criminal e Anotado*, Almedina – Coimbra, 2003.

VALENTE, Manuel Monteiro Guedes, *Processo Penal*, Tomo I, 2ª Edição, Almedina, 2009.

VEIGA, Raul Soares, «O Juiz de Instrução e a Tutela de Direitos Fundamentais», *Jornadas de Direito Processual Penal e Direitos Fundamentais*, organizadas pela Faculdade de Direito da Universidade de Lisboa e pelo Conselho Distrital de Lisboa da Ordem dos Advogados, com a colaboração do Goethe Institut e coordenação científica de Maria Fernanda Palma, Almedina Coimbra, 2004.

VILELA, Alexandra, *Considerações Acerca da Presunção de Inocência em Direito Processual Penal*, Coimbra, Editora, 2000.

TRIBUNAL CONSTITUCIONAL, «Sobre a Hierarquia das Normas Constitucionais e a Sua Função na Protecção dos Direitos Fundamentais», Relatório para a VIII Conferência dos Tribunais Constitucionais Europeus (Ankara, 7/9 de Maio de 1990), *Boletim do Ministério da Justiça*, nº 396, 1990.

ÍNDICE

NOTA PRÉVIA	5
PREFÁCIO	7
SIGLAS	9
PARTE I – FINALIDADES E PRESSUPOSTOS DO PROCESSO PENAL	11
CAPÍTULO I – FINALIDADES DO PROCESSO PENAL	13
1. Considerações gerais	13
2. A descoberta da verdade material e a realização da justiça	13
3. A protecção dos direitos fundamentais dos cidadãos perante o Estado	14
4. O restabelecimento da paz jurídica	15
CAPÍTULO II – PRESSUPOSTOS PROCESSUAIS	17
1. Conceito e considerações gerais	17
2. Pressupostos processuais relativos aos sujeitos	18
2.1. Relativos ao tribunal	18
2.2. Relativos ao Ministério Público	19
2.3. Relativos ao arguido	21
3. Pressupostos processuais relativos ao objecto do processo	22
3.1. O caso julgado material: o princípio non bis in idem	22
3.2. A litispendência	23
3.3. A prescrição do procedimento criminal	24
PARTE II – FORMAS DE PROCESSO: COMUM E ESPECIAIS	27
CAPÍTULO I – O PROCESSO COMUM	29
1. Considerações gerais	29
2. Quando tem lugar	29

AS MEDIDAS DE COAÇÃO NO PROCESSO PENAL PORTUGUÊS

CAPÍTULO II – O PROCESSO SUMÁRIO	31
1. Quando tem lugar	31
2. Detenção e apresentação do detido ao Ministério Público e a julgamento	34
3. Libertação do arguido	35
4. Notificação das testemunhas, do ofendido e do arguido	36
5. Princípios e regras gerais do julgamento em processo sumário	36
CAPÍTULO III – O PROCESSO ABREVIADO	39
1. Considerações gerais	39
2. Quando tem lugar	39
3. Acusação do Ministério Público	41
4. Saneamento do processo	42
5. Reenvio para outra forma de processo	42
6. Princípios e regras gerais do julgamento em processo abreviado	43
CAPÍTULO IV – O PROCESSO SUMARÍSSIMO	45
1. Considerações gerais	45
2. Quando tem lugar	45
3. Rejeição do requerimento	47
4. Notificação e oposição do arguido	48
5. Decisão	49
6. Processo sumaríssimo: uma ideia ressocializadora e de consenso	49
PARTE III – DAS MEDIDAS DE COACÇÃO E DE GARANTIA PATRIMONIAL	51
CAPÍTULO I – DAS MEDIDAS DE COACÇÃO	53
SECÇÃO I – CONSIDERAÇÕES GERAIS	53
1. Conceito de medidas de coacção	53
2. Finalidades das medidas de coacção	53
3. Condições gerais de aplicação das medidas de coacção	54
4. Pressupostos de aplicação das medidas de coacção	58
4.1. Indícios da prática de crime	58
4.2. Requisitos ou condições gerais constantes no artigo 204º	59
4.2.1. Fuga ou perigo de fuga	59
4.2.2. Perigo de perturbação do decurso do inquérito ou da instrução do processo e, nomeadamente, perigo para a aquisição, conservação ou veracidade da prova	60

ÍNDICE

4.2.3. Perigo, em razão da natureza e das circunstâncias do crime ou da personalidade do arguido, de que este continue a actividade criminosa ou perturbe gravemente a ordem e a tranquilidade públicas	62
5. Princípios subjacentes à aplicação das medidas de coacção	63
5.1. Princípio da legalidade ou da tipicidade	63
5.2. Princípio da adequação e da proporcionalidade	64
5.3. Princípio da precariedade	66
5.4. Princípio da necessidade	66
5.5. O Princípio da subsidiariedade da prisão preventiva e da obrigação de permanência na habitação	67
6. Execução das medidas de coacção	70
7. Aplicação das medidas de coacção: determinação da pena aplicável ao crime que justifica a medida	70
8. Competência para a aplicação das medidas de coacção; prévia audição do arguido e notificação do despacho	71
8.1. Prévia audição do arguido	73
8.2. Notificação e fundamentação do despacho de aplicação da medida de coacção	74
SECÇÃO II – MEDIDAS DE COACÇÃO PREVISTAS NO CPP	78
1. Considerações gerais	78
2. Termo de identidade e residência	78
2.1. Competência para a aplicação do termo de identidade e residência	79
3. Caução	83
4. Obrigação de apresentação periódica	87
5. Suspensão do exercício de profissão, de função, de actividade e de direitos	88
6. Proibição e imposição de condutas	92
7. Obrigação de permanência na habitação	94
7.1. Fiscalização do cumprimento da obrigação de permanência na habitação: a vigilância electrónica	96
7.2. Desconto na pena	99
8. Prisão preventiva	101
8.1. Conceito	101
8.2. Pressupostos específicos de aplicação	101
8.3. Competência para a aplicação da prisão preventiva	103

AS MEDIDAS DE COAÇÃO NO PROCESSO PENAL PORTUGUÊS

8.4. Suspensão da execução da prisão preventiva 103

8.5. Desconto na pena: remissão 103

9. Violação das obrigações impostas por aplicação de uma medida
de coacção 103

SECÇÃO III – REVOGAÇÃO, SUBSTITUIÇÃO, EXTINÇÃO E PRAZOS
DE DURAÇÃO DAS MEDIDAS DE COAÇÃO 105

1. Revogação e substituição das medidas de coacção.
Recurso da decisão de manutenção da prisão preventiva
ou da obrigação de permanência na habitação 105

2. Extinção das medidas de coacção 110

3. Prazos de duração das medidas de coacção 112

3.1. Prazos de duração máxima da prisão preventiva 112

3.1.1. Suspensão do decurso dos prazos de duração máxima
da prisão preventiva 117

3.1.2. Libertação do arguido sujeito a prisão preventiva 117

3.2. Prazos de duração máxima de outras medidas de coacção 118

SECÇÃO IV – MODOS DE IMPUGNAÇÃO DAS MEDIDAS DE COACÇÃO:
O RECURSO E A PROVIDÊNCIA DO *HABEAS CORPUS* 119

1. Do recurso 119

2. Da providência do *habeas corpus* em virtude de prisão ilegal 121

2.1. O *habeas corpus* como direito fundamental 121

2.2. Natureza e finalidade 122

2.3. Antecedentes históricos 123

2.4. Pressupostos e fundamentos da providência do *habeas corpus*
em virtude de prisão ilegal 132

2.5. Legitimidade para requerer a providência do *habeas corpus* 136

2.6. Procedimento e decisão 136

2.7. Incumprimento da decisão do STJ sobre a petição de *habeas corpus* 137

SECÇÃO V – INDEMNIZAÇÃO POR PRIVAÇÃO DA LIBERDADE ILEGAL
OU INJUSTIFICADA 138

1. Considerações gerais 138

2. Fundamentos da indemnização 138

3. Prazo e legitimidade para o pedido da indemnização 141

SECÇÃO VI – MEDIDAS DE COACÇÃO APLICÁVEIS A PESSOAS QUE
TIVEREM PENETRADO OU PERMANEÇAM IRREGULARMENTE
EM TERRITÓRIO NACIONAL, OU CONTRA AS QUAIS ESTIVER
EM CURSO PROCESSO DE EXTRADIÇÃO OU DE EXPULSÃO 142
1. Considerações gerais 142
2. Entrada e saída do território nacional 143
3. Expulsão de cidadãos estrangeiros do território nacional:
  expulsão determinada por autoridade judicial, expulsão determinada
  por autoridade administrativa e seus pressupostos 144
    3.1. Pressupostos da expulsão, competência processual,
      país de destino e prazo de interdição de entrada 144
        3.1.1. Competência processual 146
        3.1.2. País de destino 147
        3.1.3. Prazo de interdição de entrada 147
    3.2. Expulsão determinada por autoridade judicial.
      Recurso da decisão de expulsão 147
        3.2.1. Recurso da decisão de expulsão 148
    3.3. Expulsão determinada por autoridade administrativa:
      detenção de cidadão ilegal, processo e decisão de expulsão,
      notificação da decisão de expulsão, impugnação judicial
      da decisão, execução e comunicação da decisão de expulsão
      e desobediência da decisão de expulsão 148
        3.3.1. Detenção de cidadão ilegal 148
        3.3.2. Processo e decisão de expulsão 149
        3.3.3. Notificação da decisão de expulsão 150
        3.3.4. Impugnação Judicial da decisão 150
        3.3.5. Execução da decisão de expulsão: competência,
          e comunicação da expulsão 150
        3.3.6. Desobediência à decisão de expulsão 150

CAPÍTULO II – DAS MEDIDAS DE GARANTIA PATRIMONIAL 153
1. Considerações gerais 153
2. Caução económica 153
3. Arresto preventivo 155
4. Recurso 156

BIBLIOGRAFIA 157